JACK SCHOLES

QUICK ENGLISH!

INGLÊS RÁPIDO!

3ª reimpressão

MANUAL PRÁTICO PARA A COMUNICAÇÃO EM INGLÊS

DISAL EDITORA

Preparação de texto
Larissa Lino Barbosa / Verba Editorial

Capa e projeto gráfico
Paula Astiz

Editoração eletrônica
Laura Lotufo / Paula Astiz Design

Assistente editorial
Aline Naomi Sassaki

Ilustrações
Carlos Cunha

CD
Produtora: jm produção de áudio
Locutores: Bettina Siwek, Christopher Johnston e Noreen Gelencser

Dados Internacionais de Catalogação na Publicação (CIP)
(Câmara Brasileira do Livro, SP, Brasil)

Scholes, Jack

Scholes, Jack
Inglês rápido! : manual prático para a comunicação em inglês / Jack Scholes. – Barueri, SP : DISAL, 2012.

ISBN 978-85-7844-093-0

1. Inglês – Estudo e ensino I. Título.

11-12933 CDD-420.7

Índices para catálogo sistemático:
1. Inglês : Estudo e ensino 420.7

DISAL EDITORA

Alameda Mamoré 911 – cj. 107
Alphaville – BARUERI – SP
CEP: 06454-040
Tel./Fax: (11) 4195-2811
Visite nosso site: www.disaleditora.com.br
Televendas: (11) 3226-3111

Fax gratuito: 0800 7707 105/106
e-mail para pedidos: comercialdisal@disal.com.br

Sumário

Introdução

Com o livro *Inglês Rápido* você vai conseguir se comunicar rapidamente em inglês. Hoje, num mundo globalizado, falar inglês está se tornando cada vez mais uma habilidade básica e essencial. No Brasil, o conhecimento do idioma não é mais diferencial para quem busca uma boa vaga no mercado de trabalho, mas sim, um pré-requisito, e é absolutamente necessário para conseguir aperfeiçoar qualquer atividade profissional.

Com a globalização, o inglês se tornou o idioma oficial do mundo dos negócios, o principal idioma usado na internet, na ciência e na diplomacia, e é o idioma mais usado pelos turistas do mundo todo. Apesar desta importância toda, apenas 8% dos brasileiros falam bem o inglês. Nos países da Europa, pelo menos 40% da população fala bem o idioma. Na Holanda e nos países da Escandinávia essa porcentagem chega aos 90%.

O Brasil é o quinto maior país do mundo em área territorial e a oitava maior economia do mundo. Os brasileiros precisam aprender inglês urgentemente!

E os brasileiros querem falar inglês! Há, portanto uma série de problemas e dificuldades. Muitos brasileiros não têm tempo ou dinheiro para poder frequentar um dos milhares de cursos de inglês que existem país afora. Muitos também tiveram aulas de inglês na escola e ficaram traumatizados e convencidos de que nunca iam conseguir aprender.

Mas o inglês não é um bicho de sete cabeças. Qualquer um consegue aprender. Também não existe uma idade-limite, depois da qual aprender o idioma se torna impossível. Muitos adultos e idosos são excelentes estudantes de idiomas. Se você sabe falar português, ou qualquer outra língua, já tem tudo que precisa para falar inglês. Em primeiro lugar você tem pulmões, cordas vocais, boca, língua, lábios etc. para poder produzir os sons. Todo ser humano também nasce com uma capacidade inata, natural para a linguagem, e estruturas específicas no cérebro humano reconhecem instintivamente as regras gerais de outras línguas, sem você se dar conta disso. Ou seja, para falar inglês, você vai fazer exatamente o que já sabe fazer, só que um pouco diferente.

Outra boa notícia é a seguinte: você já sabe mais inglês do que pensa que sabe. A língua inglesa faz parte do nosso cotidiano. Você já usa muitas palavras em inglês e talvez não saiba disso. Por exemplo, todas essas palavras são inglesas e usadas no dia a dia pelos brasileiros:

e-mail **mouse** **link** **site** **hot dog** **self-service**

shopping center **laptop** **happy hour** **diet** **van**

piercing **OK** **internet** **pet shop** **airbag**

barman **marketing** **check-in** **home theater** **blush**

Além de um número considerável desses anglicismos, que a língua portuguesa já incorporou, usamos em português muitas palavras inglesas que foram "aportuguesadas", como bife (beef), futebol (football), xampu (shampoo) e deletar (delete).

Você também vai se surpreender com as semelhanças entre o inglês e o português. Os dois idiomas são similares e, às vezes, iguais, em parte porque um grande número de palavras em inglês vem do latim, como em português. Veja alguns exemplos das centenas de palavras similares em inglês e português que você vai encontrar nesse livro.

PORTUGUÊS	INGLÊS	PORTUGUÊS	INGLÊS
momento	moment	**banco**	bank
repita	repeat	**correto**	correct
passaporte	passport	**fantástico**	fantastic
gol	goal	**rádio**	radio
salário	salary	**computador**	computer
serviço	service	**crédito**	credit
carro	car	**cheque**	check
informação	information	**banda**	band

Então você não precisa ter medo, apenas vontade de aprender. Não se preocupe em acertar sempre, é importante errar. Os erros são tão inevitáveis quanto necessários – é assim que você aprende. E quanto mais você praticar mais rapidamente vai falar sem erros.

O objetivo final não é a perfeição gramatical ou uma pronúncia quase nativa. Você sabia que a maior parte da comunicação em inglês hoje em dia é feita entre falantes não nativos do idioma? Mais de três quartos dos falantes de inglês não são nativos da língua e eles aprenderam o inglês como língua estrangeira. No mundo há aproximadamente 400 milhões de falantes nativos de inglês e quase dois bilhões de falantes não nativos que usam e aceitam pronúncia e gramática fora das convenções-padrão, desde que a comunicação seja clara, objetiva e eficiente. O importante é entender e ser entendido.

O livro Inglês Rápido

O livro *Inglês Rápido* tem cerca de 1.000 frases e 3.000 palavras úteis em inglês.

Na primeira parte do livro você vai encontrar uma seção de ***Frases úteis para o dia a dia*** que podem ser usadas em qualquer situação e com qualquer pessoa. São frases que você vai precisar sempre que estiver falando com alguém em inglês, principalmente aqui no Brasil, mas também servem para qualquer lugar do mundo. Há também as frases muito comuns que você vai ouvir com muita frequência em conversas em inglês. O inglês utilizado nas frases é corretíssimo, porém bastante simples, para facilitar uma conversa objetiva e clara, e lhe dar confiança em se comunicar no novo idioma. Nessa seção há também várias dicas simples, mas importantes, para ajudar você a falar e entender o inglês que é usado no dia a dia.

Na segunda parte do livro há a seção ***Situações comuns***, com frases e palavras especialmente úteis em situações específicas. As frases nessa seção podem ser usadas por qualquer pessoa, mas são especialmente indicadas, e extremamente importantes, para os profissionais das áreas tratadas que têm necessidades específicas de linguagem.

Há também vários pequenos apêndices para referência rápida: ***O alfabeto inglês / Números / Dias da semana, meses, estações do ano/ Países e nacionalidades / Verbos no passado.***

No final há um ***Minidicionário Português-inglês / Inglês-português*** com 1.200 palavras extras, especialmente selecionadas, e que não se encontram nas outras partes do livro.

Dois CDs de áudio acompanham o livro para você poder ouvir, repetir, praticar e aperfeiçoar o seu inglês.

Não há nenhuma ordem específica no livro para você seguir. Você pode, e deve, estudar o que quiser, quando quiser. É essencial estudar regularmente, mesmo que seja por pouco tempo. O importante é se comprometer ao objetivo de orgulhosamente comunicar-se bem e com confiança com qualquer pessoa na língua inglesa.

Enjoy!

Jack Scholes

Frases úteis para o dia a dia

Saudações – CD 1 / faixa 1

Para saudações informais, você pode usar:

Oi!
Hi!

ou

Olá!
Hello!

Dependendo do período do dia, você pode falar:

Bom dia.
Good morning.

Boa tarde.
Good afternoon.

Boa noite.
Good evening.

Para as saudações informais, pode-se dizer um simples

Morning ou afternoon ou evening

DICA TIP

Para as saudações formais, principalmente no setor profissional, em lugares como restaurantes, lojas etc., usa-se sir (senhor) ou madam (senhora).

Bom dia, senhor.
Good morning, sir.

Boa tarde, senhora.
Good afternoon, madam.

Ou então, você pode usar Mr (senhor) ou Ms (dona) com o sobrenome da pessoa. Nunca use Mr ou Ms com o primeiro nome da pessoa! Mr Jack não é inglês correto!

Use:

Good evening Mr Scholes.
ou
Good morning Ms Ponton.

A saudação é frequentemente seguida da pergunta

Como vai?
How are you?

Você pode responder às saudações com as seguintes frases:

Bom.
Good.

Muito bom.
Pretty good.

Muito bem, obrigado/a.
Very well, thank you.

Tudo bem, obrigado/a.
Fine, thank you.
ou
Fine thanks.

Se quiser, você também pode acrescentar a pergunta

E você / o senhor / a senhora?
And you?

DICA TIP

Em inglês usa-se apenas uma palavra – you – para todas as seguintes palavras em português: Tu, você, vocês, o senhor, a senhora, os senhores, as senhoras.
Em conversações informais pode-se usar you guys para indicar "vocês".

Vocês estão prontos?
Are you guys ready?

Despedidas – CD 1 / faixa 2

Para se despedir, pode-se dizer simplesmente:

Tchau.
Bye.

ou

Até logo.
Goodbye.

A gente se vê.
See you.

Cuide-se.
Take care.

Até mais tarde.
See you later.

Vejo você amanhã.
See you tomorrow.

Para despedidas na parte da manhã, você pode acrescentar também a expressão simpática e muito comum, falada especialmente para um cliente em uma loja, restaurante etc.

Tenha um bom dia.
Have a nice day.
ou
Have a good day.

E a resposta é:

Obrigado/a. Você também.
Thanks. You too.

Agradecer – CD 1 / faixa 3

Para agradecer a alguém, você pode dizer:

Obrigado/a.
Thank you.
ou
Thanks.

Muito obrigado/a.
Thank you very much.
ou
Thanks very much.
ou
Thanks a lot.

DICA TIP

A forma contraída thanks é muito usada em relações mais informais.

A pronúncia do "th" em inglês representa certa dificuldade para o brasileiro porque não há som equivalente na língua portuguesa. Procure reproduzir o som emitido por uma pessoa que tem língua presa, por exemplo, quando ela fala "assim". Coloque a ponta da língua encostando por trás dos dentes de cima e sopre suavemente.

Pratique isto na frente de um espelho, de preferência quando você estiver sozinho/a!

Para você agradecer por algo, use a expressão

Obrigado/a por...
Thank you for...

Por exemplo:

Obrigado/a pela sua ajuda.
Thank you for your help.

Se quiser responder aos agradecimentos, você pode simplesmente acenar com a cabeça, sorrir, emitir o som uh-huh, ou dizer

O.k.
OK.

Certo.
Sure.

ou ainda responder com as expressões

Sem problema.
No problem.

De nada / Por nada.
You're welcome.
ou
Not at all.

O prazer é todo meu.
My pleasure.

Confirmação e negação – CD 1 / faixa 4

Para confirmar algo ou dizer que se está de acordo, pode-se utilizar palavras e frases simples, como:

Sim.
Yes.

O.k.
OK.

Bom / bem.
Fine.

Está bom / bem.
That's fine.

Certo.
Right.

Está certo.
That's right.

Com certeza!
Sure!

É claro!
Of course!

Excelente!
Excellent!

Ótimo!
Great!

Para negar ou dizer que não se está de acordo, pode-se dizer:

Não.
No.

Claro que não!
Of course not!

De jeito nenhum!
No way!

Nunca.
Never.

Nada.
Nothing.

Ninguém.
Nobody.

Para não dizer nem sim nem não, pode-se responder com:

Talvez.
Maybe.

Provavelmente.
Probably.

DICA TIP

Outras maneiras informais muito comuns de dizer "sim" e "não" são:

Sim
Yeah
Yep

Não
Nope

Pedir desculpas – CD 1 / faixa 5

Para pedir desculpas, você pode dizer simplesmente

Desculpe.
Sorry.

ou utilizar as seguintes expressões:

Peço desculpas.
I'm sorry.

Sinto muito.
I'm very sorry.

Sinto muito mesmo.
I'm really sorry.

DICA TIP

Em inglês falado, é extremamente comum usar formas curtas ou contraídas dos verbos, além das formas completas. Por exemplo:

Com o verbo ser / estar = to be

Eu sou = I am **ou** I'm
Você é / vocês são = you are **ou** you're
Ele é = he is **ou** he's
Ela é = she is **ou** she's
Nós somos = we are **ou** we're
Eles / elas são = they are **ou** they're

Meu nome é = my name is **ou** my name's
O que é = what is **ou** what's
Isso é = that is **ou** that's

Outros exemplos muito comuns são:
Eu gostaria = I would like **ou** I'd like
Eu não posso = I cannot **ou** I can't
Eu não falo = I do not speak **ou** I don't speak

Apresentações – CD 1 / faixa 6

Para perguntar o nome de alguém, utilize

Qual é seu nome?
What's your name?

As formas mais comuns de se apresentar são:

Eu sou Daniel.
I'm Daniel.

ou

Meu nome é Daniel.
My name's Daniel.

Para apresentar uma pessoa a outra, basta dizer

Esta / este é Anna / Lucas.
This is Anna / Lucas.

Para responder às apresentações, as fórmulas mais comuns são:

Oi!
Hi!

ou

Olá!
Hello!

Prazer (em conhecê-lo/a).
Nice to meet you.

DICA TIP

Em países de língua inglesa, é costume apertar a mão da outra pessoa, principalmente no contexto profissional, mas apenas no momento da primeira apresentação, no primeiro encontro, e nunca mais em encontros futuros. Depois, um cumprimento falado é suficiente. Os beijos no rosto estão ficando mais comuns entre amigos, principalmente entre jovens.

Rotina diária – CD 1 / faixa 7

Para falar sobre as suas principais rotinas diárias, você pode usar as seguintes expressões:

De manhã...
In the morning...

Eu me levanto.
I get up.

Eu tomo um banho.
I take a shower. / I have a shower.

Eu tomo café da manhã.
I have breakfast.

Eu escovo os dentes.
I brush my teeth.

Eu vou ao trabalho.
I go to work.

Eu vou para a escola.
I go to school.

À tarde...
In the afternoon...

Eu almoço.
I have lunch.

Eu volto ao trabalho.
I go back to work.

À noite...
In the evening...

Eu vou para a academia.
I go to the gym.

Eu janto.
I have dinner.

Eu lavo a louça.
I wash the dishes.

Eu assisto à TV.
I watch TV.

Eu leio um livro.
I read a book.

Eu vou para a cama.
I go to bed.

No fim de semana...
On the weekend...

Eu vou para o parque.
I go to the park.

Eu vou ao cinema.
I go to the movies.

Eu jogo futebol.
I play football.

DICA TIP

Em inglês usa-se apenas uma palavra – the – para todos o/a / os/as artigos em português. Por exemplo:

O livro – the book
Os livros – the books
A escola – the school
As escolas – the schools

DICA TIP

A forma do verbo no presente varia apenas com he (ele) / she (ela) / it (ele/ela – neutro – para coisas e animais), quando deve-se acrescentar um "s" ao verbo.

Por exemplo:

Verbo trabalhar – work

Eu trabalho – I work
Você trabalha / vocês trabalham – you work
Nós trabalhamos – we work
Eles / elas trabalham – they work

Mas

Ele trabalha – he works
Ela trabalha – she works
Ele/ela (neutro - coisa) trabalha – it works

Ordens – CD 1 / faixa 8

Para dar ordens, utilize apenas a forma básica do verbo. Por exemplo:

vir – come
parar – stop
ir – go

Venha aqui.
Come here.

Pare com isso.
Stop that.

Vá lá.
Go there.

Para dar uma ordem negativa, usa-se

don't (= do not) com a forma básica do verbo.

Não coma isso.
Don't eat that.

Não se preocupe.
Don't worry.

Não chore.
Don't cry.

DICA TIP

Quando se dá ordens em inglês com a forma básica do verbo, pode soar um pouco indelicado. Por isso, é sempre bom usar a palavra please (por favor) antes ou depois da ordem.

Me ajude, por favor.
Help me, please.
ou
Please help me.

Não se esqueça, por favor.
Don't forget, please.
ou
Please don't forget.

Sugestões – CD 1 / faixa 9

Para dar uma sugestão, você pode usar as seguintes frases:

Que tal...?
What about...?
ou
How about...?

Que tal uma pizza?
How about a pizza?

Que tal sexta-feira?
What about Friday?

Para fazer sugestões, você também pode utilizar a frase muito comum let's + verbo.

Vamos comer.
Let's eat.

Vamos para a praia.
Let's go to the beach.

Para responder de forma positiva a uma sugestão você pode dizer:

Boa ideia!
Good idea!

Ótima ideia!
Great idea!

E de forma negativa:

Má ideia!
Bad idea!

Péssima ideia!
Terrible idea!

Comunicação - CD 1 / faixa 10

Existem várias expressões que podem ajudar você quando não conseguir entender o que é falado em inglês, ou quando você tiver dificuldade em se fazer entender.

Eu falo português.
I speak Portuguese.

Eu falo um pouquinho de inglês.
I speak a little English.

Eu não falo inglês.
I don't speak English.

Você fala português?
Do you speak Portuguese?

Eu entendo.
I understand.

Desculpe, eu não entendo.
Sorry, I don't understand.

Você entende?
Do you understand?

Eu sei.
I know.

Eu não sei.
I don't know.

O que é isto?
What's this?

O que é isto em inglês?
What's this in English?

Como se diz isto em inglês?
How do you say this in English?

O que significa isto?
What does this mean?

Por favor, fale devagar.
Please speak slowly.

Como?
Sorry?

Por favor, repita.
Please repeat.

De novo, por favor.
Again, please.

Por favor, escreva isto para mim.
Please write this for me.

Por favor, soletre isto para mim.
Please spell this for me.

Perguntas - CD 1 / faixa 11

Você pode fazer muitas perguntas começando com as palavras:

Onde...?
Where...?

Quem...?
Who...?

Quando...?
When...?

Por que...?
Why...?

O que...?
What...?

Como...?
How...?

Quanto...?
How much...?

Qual...?
Which...?

Veja alguns exemplos:

Onde fica o banheiro?
Where's the bathroom?

Quem é esse cara?
Who's that guy?

Quando é seu aniversário?
When's your birthday?

Por que você está aqui?
Why are you here?

O que é isso?
What's that?

Como você está?
How are you?

Quanto é?
How much is it?

Qual é melhor?
Which is best?

DICA TIP

Para perguntar se o que você disse é correto, você pode simplesmente acrescentar no final a palavra right? (certo?)

Por exemplo:

Você é americano/a, certo?
You're American, right?

É aqui, certo?
It's here, right?

DICA TIP

Quando você tem de dar uma resposta a uma pergunta é normal hesitar. Você pode usar sons, palavras ou expressões para dar-lhe tempo para pensar. Por exemplo:

Hmm...
Um...
Uh...

Bem...
Well...

Deixe-me ver.
Let me see.

Deixe-me pensar.
Let me think.

Peraí.
Hold on.

Conversação – Reações – CD 1 / faixa 12

Enquanto uma pessoa fala, você pode mostrar que está prestando atenção acenando com a cabeça, sorrindo, ou com sons simples, tais como:

Mm
Oh
Uh-uh

Você pode usar também algumas palavras para reagir ao que a outra pessoa fala, e mostrar que está prestando atenção. Algumas palavras e expressões muito comuns em conversas em inglês são:

O.k.
OK.

Certo.
Right.

Tá certo.
That's right.

Correto.
Correct.

Tá correto.
That's correct.

Sim.
Yes / Yeah / Yep.

Não.
No / Nope.

Ótimo!
Great!

Legal!
Cool!

Fantástico!
Fantastic!

Que interessante!
How interesting!

E?
And?

E aí?
So?

E daí?
So what?

É mesmo?
Really?

Sério?
Seriously?

Ah, entendo!
Oh, I see!

Eu sei.
I know.

Eu não sei.
I don't know / Dunno.

Não tenho certeza.
Not sure.

Com certeza!
Sure! / For sure!

Acho que sim.
I think so.

Acho que não.
I don't think so.

O que você acha?
What do you think?

Eu não tenho a mínima ideia.
I have no idea / No idea.

Sem problema.
No problem.

Coitado/a!
Poor thing!

Isso é terrível!
That's terrible!

Ah! Isso é muito ruim!
Oh! That's really bad!

Ah! Que pena!
Oh! What a pity!

Algumas exclamações muito comuns em inglês, que você pode usar para reagir ao que a outra pessoa fala, são:

Uau!
Wow!

Deus!
God! / Gosh!

Meu Deus!
My God! / My Gosh! / My goodness!

Nossa! / Puxa!
Gee! / Geez!

De jeito nenhum!
No way!

Você está brincando!
You're kidding! / No kidding!

DICA TIP

Em português, antes de falar, é normal pausar e repetir a primeira palavra para dar-lhe tempo para pensar. Você pode usar a mesma técnica em inglês, porque é muito natural. Por exemplo:

(Pausa) Eu ... eu acho que sim.
(Pausa) I ... I think so.

(Pausa) Sim... sim, isso é legal!
(Pausa) Yeah ... yeah, this is great!

Conversação – Ajuda – CD 1 / faixa 13

Quando não se sabe exatamente como dizer algo, usam-se sons como uh, um e palavras e expressões especiais para dar-lhe tempo para pensar.

Por exemplo:

Bem...
Well...

Então...
So...

Sabe...
You know...

Não sei...
I don't know...

Eu acho...
I think...
ou
I guess...

Quero dizer...
I mean...

Coisas
Things / stuff

Coisas assim.
Things like that. / Stuff like that.

Tipo / assim
Like
ou
kind of

Por exemplo:

É tipo, muito caro.
It's like really expensive.
ou
It's kind of really expensive.

DICA TIP

Quando você não sabe uma determinada palavra em inglês, tente explicar ou perguntar o que é. Você pode começar com as seguintes frases:

A coisa que...
The thing that...
ou
The thing...

ou

Como se chama a coisa que...?
What do you call the thing that...?

Por exemplo:

A coisa que você usa na chuva.
The thing you use in the rain.

ou

Como se chama a coisa que você usa na chuva?
What do you call the thing that you use in the rain?

Guarda-chuva.
Umbrella.

Conversação - Pronúncia - CD 1 / faixa 14

Em inglês, é extremamente comum usar uma pronúncia informal para várias palavras. Às vezes, algumas palavras também são faladas juntas, parecendo uma palavra só, o que dificulta a compreensão.

Nos exemplos mais comuns abaixo, há primeiro a palavra com a grafia normal, e depois a palavra sublinhada, escrita para representar a forma com que se pronuncia a palavra informalmente.

Te vejo amanhã.
See you tomorrow.
See ya tomorrow.

O show é tipo, legal, sabe.
The show is kind of cool, you know.
The show is kinda cool, ya know.

Eu não sei o que fazer.
I don't know what to do.
I dunno what to do.

Você entende?
Do you understand?
D'you understand?

Quer um cachorro-quente?
Do you want a hot dog?
D'you wanna hot dog?
ou apenas
Wanna hot dog?

Quer ir ao cinema?
Do you want to go to the movies?
D'you wanna to go to the movies?
ou apenas
Wanna go to the movies?

Eu vou tomar um banho.
I'm going to have a shower.
I'm gonna have a shower.

Eu tenho que ir.
I've got to go.
I gotta go.

Eu tenho que trabalhar.
I have to work.
I hafta work.

Dá um tempo!
Give me a break!
Gimme a break!

Deixe-me ver.
Let me see.
Lemme see.

Isso é um monte de dinheiro.
That's a lot of money.
That's a lotta money.

Informações pessoais - CD 1 / faixa 15

Para pedir ou dar informações pessoais você pode usar as seguintes expressões:

Qual é seu nome?
What's your name?

Qual é seu sobrenome?
What's your last name?

Qual é seu nome do meio?
What's your middle name?

Quantos anos você tem?
How old are you?

Tenho vinte anos.
I'm twenty.

Quando é seu aniversário?
When's your birthday?

Qual é a sua data de nascimento?
What's your date of birth?

Qual é seu signo?
What's your sign?

Você tem irmãos?
Do you have any brothers or sisters?

Tenho um irmão e duas irmãs.
I have one brother and two sisters.

Você é casado/a?
Are you married?

Não, sou solteiro/a.
No, I'm single.

Você tem filhos?
Do you have any children?

Sim, tenho um filho e uma filha.
Yes, I have a son and a daughter.

De onde você é?
Where are you from?

Sou da Inglaterra.
I'm from England.

Onde você mora?
Where do you live?

Eu moro em Belo Horizonte.
I live in Belo Horizonte.

Qual é o seu telefone?
What's your phone number?

Qual é o seu celular?
What's your cell phone number?

Qual é seu e-mail?
What's your email address?

É jack@inglesrapido.com.br
It's jack "at" inglesrapido "dot" com "dot" br

DICA TIP

A regra geral para a formação do plural de palavras inglesas é acrescentar um "s" **ao singular. Por exemplo:**

Nome – name **– nomes –** names
Irmão – brother **– irmãos –** brothers
Filha – daughter **– filhas –** daughters

Algumas palavras têm um plural irregular. Por exemplo:

Homem – man **– homens –** men
Mulher – woman **– mulheres –** women
Criança – child **– crianças –** children
Dente – tooth **– dentes –** teeth

DICA TIP

Quando você responde a uma pergunta e gostaria de fazer a mesma pergunta à pessoa que perguntou, basta acrescentar no final da sua resposta And you? **(E você?) ou** And yours **(E o seu / a sua?).**

Por exemplo:

Você tem filhos?
Do you have any children?

Sim, tenho um filho. E você?
Yes, I have one son. And you?

Qual é o seu telefone?
What's your telephone number?

3745-2986. E o seu?
3745-2986. And yours?

Informações profissionais – CD 1 / faixa 16

Para pedir ou dar informações profissionais você pode usar as seguintes expressões:

Qual é seu trabalho?
What's your job?

Sou médico/a.
I'm a doctor.

Onde você trabalha?
Where do you work?

No hospital.
At the hospital.

Sou estudante.
I'm a student.

Onde você estuda?
Where do you study?

Na universidade.
At the university.

O que você estuda?
What are you studying?

Estudo administração de empresas.
I'm studying business administration.

ou

Faço administração de empresas.
I'm doing business administration.

Desejos e pedidos – CD 1 / faixa 17

Para perguntar o que alguém quer você pode dizer

O que você quer?
What do you want?

Você também pode começar com a frase

Você quer...?
Do you want...?

Você quer um copo d'água?
Do you want a glass of water?

Para dizer o que você quer em inglês, você pode usar a frase

I want... (Eu quero...).

Eu quero um café.
I want a coffee.

DICA TIP

Em inglês, I want pode parecer um pouco arrogante ou mandão. A expressão I'd like... (Eu gostaria...) é muito usada para pedir com educação.

Eu gostaria de um suco de laranja, por favor.
I'd like an orange juice, please.

E para perguntar o que alguém quer com polidez, usa-se a expressão

O que você gostaria?
What would you like?

Você também pode começar com a frase

Would you like...? (Você gostaria...?)

Você gostaria de gelo no suco?
Would you like ice in your juice?

DICA TIP

Em inglês, quando se está pedindo algo, acrescenta-se quase sempre a palavra please (por favor).

Eu quero um hambúrguer (por favor).
I'd like a hamburger, please.

Direções – CD 1 / faixa 18

Para pedir direções você pode começar a frase perguntando

Onde fica...?
Where is...?

Frases úteis para você poder dar as orientações são:

À esquerda.
On the left.

À direita.
On the right.

Primeira à esquerda.
First on the left.

Segunda à direita.
Second on the right.

Reto / em frente.
Straight on.

Vire à esquerda.
Turn left.

Vire à direita.
Turn right.

Na esquina.
On the corner.

Apenas duas quadras daqui.
Just two blocks from here.

DICA TIP

Se você tiver de pedir orientação a um estranho, sempre comece com a expressão

Com licença.
Excuse me.

E é sempre aconselhável terminar com polidez usando a palavra please (por favor).

Com licença, onde fica o banco, por favor?
Excuse me, where's the bank please?

Gostos – CD 1 / faixa 19

Para perguntar o que alguém gosta, ou dizer o que você gosta, você pode usar expressões como:

Você gosta disso?
Do you like this?

Você gosta de futebol?
Do you like football?

Eu gosto de cinema.
I like movies.

O que você gosta de fazer no fim de semana?
What do you like to do on the weekend?

Eu gosto de ir ao cinema no fim de semana.
I like to go to the movies on the weekend.

Eu adoro música.
I love music.

Eu adoro correr.
I love to run.

Se você não gosta de algo, pode dizer:

Eu não gosto de café.
I don't like coffee.

Eu não gosto de levantar cedo.
I don't like to get up early.

ou de forma mais forte:

Eu detesto mentiras.
I hate lies.

Para indicar preferências, você pode usar o verbo to prefer (preferir).

Você prefere chá ou café?
Do you prefer tea or coffee?

Eu prefiro café.
I prefer coffee.

Você prefere fazer exercícios em casa ou na academia?
Do you prefer to exercise at home or at the gym?

DICA TIP

Normalmente, quando alguém faz uma pergunta, a outra pessoa responde, e a primeira pessoa reage à resposta. Por exemplo:

O que você gosta de fazer no seu tempo livre?
What do you like to do in your free time?

Eu gosto de jogar futebol.
I like to play football.

Eu também!
Me too!

Você gosta de levantar cedo todos os dias?
Do you like to get up early every day?

Não, eu não gosto de levantar cedo no fim de semana.
No, I don't like to get up early on the weekend.

Eu também não!
Me neither!

O tempo (o clima) – CD 1 / faixa 20

Todo mundo gosta de falar sobre o tempo. Você pode abordar este assunto com expressões como:

Lindo dia hoje, né?
Nice day today, huh?

Que tempo maravilhoso!
What wonderful weather!

Que tempo horrível!
What horrible weather!

Como está o tempo?
How's the weather?

Qual é a temperatura?
What's the temperature?

Qual é a previsão do tempo?
What's the weather forecast?
ou
What's the forecast?

Você pode descrever o tempo com as seguintes palavras:

bom – good
mau – bad
quente – hot
frio – cold
fresco – cool
seco – dry
úmido – humid
abafado – stuffy
ensolarado – sunny
com vento – windy
nublado – cloudy
com neblina – foggy
com tempestade – stormy
com trovão e raio – with thunder and lightning

Algumas expressões comuns para descrever o tempo são:

Está quente (agradável).
It's warm.

Está quente.
It's hot.

Está frio.
It's cold.

Está muito quente.
It's very hot.

Está muito frio.
It's very cold.

Está chovendo.
It's raining.

Está chovendo muito.
It's raining a lot.

Está nevando.
It's snowing.

Está nevando muito.
It's snowing a lot.

DICA TIP

Os adjetivos em inglês não mudam. A mesma palavra é usada para masculino, feminino, singular e plural. Por exemplo:

Um dia quente – a hot day
Dias quentes – hot days

Uma tarde ensolarada – a sunny afternoon
Tardes ensolaradas – sunny afternoons

Note que o adjetivo normalmente vem antes do substantivo. Por exemplo:

Tempo – weather – substantivo
Maravilhoso – wonderful – adjetivo

Tempo maravilhoso – wonderful weather

Outros exemplos:

Um carro preto – a black car
Casas grandes – big houses
Mulheres americanas – American women

DICA TIP

Nos Estados Unidos e na Grã-Bretanha a temperatura é medida em graus (degrees) Fahrenheit (símbolo: °F) e não em graus Celsius (símbolo: °C).

Veja as fórmulas de conversão e algumas correspondências:

Para converter graus Celsius em graus Fahrenheit, multiplique por 1,8 e adicione 32.

$°F = °C \times 1,8 + 32$

Para converter graus Fahrenheit em graus Celsius, subtraia 32 e divida por 1,8.

$°C = (°F - 32) \div 1,8$

°C	0	5	10	15	20	25	30	35	40
°F	32	41	50	59	68	77	86	95	104

As horas – CD 1 / faixa 21

Pergunta-se as horas da seguinte maneira:

Que horas são?
What time is it?

Responde-se assim:

São 9h25.
It's nine twenty-five.

Você pode dizer todas as horas, da forma mais simples, falando apenas os números das horas e depois os números dos minutos.

10h50.
Ten fifty.

7h15.
Seven fifteen.

Para se referir a horas inteiras, você pode usar também a expressão

o'clock
(Abreviação de of the clock, ao pé da letra "do relógio")

São 11 h (em ponto).
It's eleven.
ou
It's eleven o'clock.

Às 12 h e às 24 h pode-se utilizar

É meio-dia.
It's midday (ou noon).

É meia-noite.
It's midnight.

As palavras after ou past (depois) são usadas para expressar os minutos decorridos após a hora. O uso da palavra minutes (minutos) é opcional.

8h10
Ten after eight.
(Ao pé da letra "dez depois das oito")
ou
Ten past eight.
ou
Ten minutes past eight.
(Ao pé da letra "dez minutos depois das oito")

Para indicar a meia hora usa-se a palavra half (meio / meia) + past.

4h30
Half past four.
(Ao pé da letra "meia hora depois das quatro")

Para expressar os minutos que faltam para a hora usa-se to (para).

2h50
Ten to three.
(Ao pé da letra "dez para as três")

Para 15 minutos, usa-se a quarter (um quarto de hora).

3h15
A quarter after three.
(Ao pé da letra "um quarto de hora depois das três")
ou
A quarter past three.

18h45
A quarter to seven.
(Ao pé da letra "um quarto de hora para as sete")

DICA TIP

O relógio de 24 horas é comum em inglês, principalmente em quadros de horários etc., mas há também um outro sistema que divide o dia em dois períodos de 12 horas, com as siglas

am = antes do meio-dia

e

pm = depois do meio-dia até meia-noite

Por exemplo, para dizer

15 h, fala-se three pm

06h20, fala-se six twenty am

Votos especiais - CD 1 / faixa 22

Eis algumas expressões muito comuns para cumprimentar alguém em ocasiões especiais:

Bem-vindo ao Brasil!
Welcome to Brazil!

Parabéns!
Congratulations!

Boa sorte!
Good luck!

Saúde! (brinde)
Cheers!

Tudo de bom!
All the best!

Boa viagem!
Have a nice trip!

Estimo as melhoras.
Get well soon.

Feliz aniversário!
Happy birthday!

Feliz Dia dos Namorados!
Happy Valentine's Day!

Feliz Páscoa!
Happy Easter!

Feliz Natal!
Merry Christmas!

Próspero Ano-Novo!
Happy New Year!

Situações comuns

Aeroporto - CD 1 / faixa 23

Frases úteis

Este é o terminal dois.
This is terminal two.

Onde ficam os banheiros?
Where are the restrooms / toilets?

O balcão de informações fica no segundo andar.
The information desk is on the second floor.

Posso te ajudar?
Can I help you?

Sua passagem e passaporte, por favor.
Your ticket and passport, please.

Assento na janela ou no corredor?
Window seat or aisle seat?

Este é um assento na saída de emergência.
This is an emergency exit seat.

Por favor, coloque a sua mala na balança.
Please put your bag on the scale.

Quantas malas você vai despachar?
How many bags are you checking?

Você tem bagagem de mão?
Do you have any carry-on bags / hand luggage?

Por favor, coloque um adesivo “frágil” nesta mala.
Please put a “fragile” sticker on this bag.

A taxa de embarque é US$ 40.
The airport tax is US$ 40.

Você tem excesso de bagagem.
You have excess baggage.

Há um voo de conexão para Nova York às 17h30.
There’s a connecting flight to New York at 5:30 pm.

Preciso mudar a minha reserva.
I need to change my reservation.

Eu posso colocar você na lista de espera.
I can put you on standby.

Qual é seu número de voo?
What's your flight number?

Você está em trânsito?
Are you in transit?

O voo está atrasado.
The flight is delayed.

O voo está no horário.
The flight is on time.

O avião já aterrissou.
The plane has already landed.

Seu voo foi cancelado.
Your flight has been cancelled.

É um voo sem escalas.
It's a non-stop flight.

O tempo de voo é de 11 horas.
The flight time is 11 hours.

O horário previsto de chegada é às 15h35.
Your expected time of arrival (ETA) is at 3:35 pm.

Tenha um bom voo.
Have a nice flight.

Por favor, mostre seu RG no portão de embarque.
Please show your ID at the boarding gate.

Embarque próximo.
Proceed to gate.

Embarque imediato.
Now boarding.

Voo encerrado.
Flight closed.

Palavras úteis

Aeroporto – airport
Alfândega – customs
Assento do meio – middle seat
Aterissar – to land
Aterrissagem – landing
Atraso – delay
Autoatendimento – self-service check-in / automatic check-in
Avião – airplane / plane
Bagagem – baggage / luggage
Bagagem extraviada – lost baggage office / lost luggage office
Balcão – counter
Câmbio – money exchange
Carregador de malas – porter
Carrinho para malas – baggage cart / trolley
Cartão de embarque – boarding pass / boarding card
Cartão de milhas – frequent flyer card
Chegada – arrival
Chegar – arrive
Classe econômica – economy class
Comissário/a de bordo – flight attendant
Companhia aérea – airline (company)
Conexão – connection
Controle de segurança – security check
Decolar / decolagem – take off
Despacho de bagagem – baggage drop
Despacho de passageiros – passenger check-in
Destino – destination

Embarque – departure
Entrada – entrance
Escada rolante – escalator
Escala – layover / stopover
Estacionamento – parking
Esteira de bagagem – baggage carousel
Finger / passarela até a aeronave – boarding bridge
Guarda-volumes – luggage locker / left-luggage office
Horário – schedule
Imigração – immigration
Partida – departure
Partir – depart
Passageiro/a – passenger
Passagem – ticket
Passagem de ida – single ticket
Passagem de ida e volta – round-trip ticket / return ticket
Passaporte – passport
Piloto/a – pilot
Ponte aérea – shuttle
Portão – gate
Primeira classe – first class
Retirada de bagagem – baggage claim
Rota – route
Saída – exit
Sala de embarque – departure lounge
Sala vip – executive lounge
Sanitário feminino – women's restroom / toilet
Sanitário masculino – men's restroom / toilet
Serviço de bordo – inflight service
Terraço panorâmico – observation deck
Tripulação – crew
Última chamada – final call
Visto – visa
Voar – fly
Voo – flight
Voo de volta – return flight
Voo direto – direct flight / non-stop flight

Aluguel de carros – CD 1 / faixa 24

Frases úteis

Você pode alugar um carro.
You can rent a car. / You can hire a car.

Posso te ajudar?
Can I help you?

Nós temos os preços mais baixos.
We have the lowest rates.

Que tipo de carro você gostaria?
What kind of car would you like?

Com ou sem GPS?
With or without GPS?

Para quantas pessoas?
For how many people?

Você é o único motorista?
Are you the only driver?

O aluguel de carro é por dia ou por quilometragem?
Is the car rental by day or mileage?

Quanto custa para alugar por dia / semana?
How much is it per day/ per week?

Um carro automático ou manual?
An automatic or manual car?

Você paga a gasolina.
You pay the gas / petrol.

Onde posso devolver o carro?
Where can I drop the car off?

Por favor, devolva o carro aqui.
Please return the car here.

Por favor, devolva o carro com o tanque cheio.
Please return the car with a full tank.

Há um posto de gasolina perto daqui.
There's a gas station / petrol station near here.

Encha o tanque, por favor.
Fill it up, please.

Esta é a sua data de retirada.
This is your pick-up date.

Esta é a sua data de devolução.
This is your drop-off date.

O seguro total está incluído.
Comprehensive insurance is included.

O preço inclui quilometragem ilimitada.
The price includes unlimited mileage.

Tem que pagar um depósito.
You have to pay a deposit.

Sua carteira de motorista, por favor.
Your driver's licence, please.

Aqui está um mapa rodoviário gratuito.
Here's a free road map.

Palavras úteis

Airbag – airbag
Alarme – alarm
Alugar um carro – rent a car / hire a car
Apoio para a cabeça – headrest
Aquecedor – heater
Ar-condicionado – air conditioning
Autoestrada – highway / freeway / expressway / motorway
Bagageiro – luggage rack / roofrack
Banco (do carro) – seat
Banco do motorista – driver's seat
Banco do passageiro – passenger seat
Banco traseiro – back seat
Bateria – battery
Bateria descarregada – dead battery
Buzina – horn
Cadeira de bebê – baby seat
Cadeira de criança – child seat
Câmbio – gear shift / gear stick / gear lever
Capô – hood / bonnet
Carro – car
Carro de luxo – luxury car
Carro esporte – sports car
Carro grande – full-size car
Carro médio – mid-size car
Carro pequeno – compact car / economy car / small car
Chave do carro – car key
Cinto de segurança – seat belt
Conversível – convertible
Desembaraçador de pára-brisa – defogger / defroster / demister

Direção hidráulica – power steering
Espelho retrovisor – sideview mirror / wing mirror
Estepe – spare tire / spare wheel
Extintor de incêndio – fire extinguisher
Farol – lights
Farol dianteiro – headlight
Farol traseiro – rear lights
Freio de mão – emergency brake / parking brake / handbrake
Freio de pé – footbrake
Hatch – hatchback
Ignição – ignition
Janela – window
Limusine – limousine / limo
Limpador do para-brisa – windshield wiper / windscreen wiper
Macaco – jack
Maçaneta – door handle
Locadora de veículos – car rental
Marcha – gear
Marcha à ré – reverse / reverse gear
Medidor de combustível – fuel gauge
Motor – motor / engine
Painel – dashboard
Pára-brisa – windshield / windscreen
Pára-choque – bumper
Pará-lama – fender / wing
Pedágio – toll
Pedal da embreagem – clutch pedal
Pedal do acelerador – gas pedal / accelerator
Pedal do freio – brake pedal
Perua – station wagon / estate car
Picape – pickup / pickup truck
Piloto automático – cruise control
Pisca-alerta – hazard light
Placa – license plate / number plate
Placa de sinalização – road sign
Pneu – tire / tyre
Pneu furado – flat tire
Porta do carro – car door

Porta-luvas – glove compartment
Porta-malas – trunk / boot
Rádio / CD – radio / CD player
Retrovisor – rear view mirror
Roda – wheel
Sedã – sedan / saloon car
Seguro – insurance
Seta – turn signal / indicator
Tanque de gasolina – gas tank / petrol tank
Teto – roof
Teto solar – sunroof / sliding roof
Tração nas quatro rodas – four-wheel drive
Trava – door lock
Utilitário – SUV
Velocímetro – speedometer
Volante – steering wheel

Banco / câmbio – CD 1 / faixa 25

Frases úteis

Posso te ajudar?
Can I help you?

Eu quero sacar dinheiro.
I want to withdraw some money.

Eu quero depositar dinheiro.
I want to deposit some money.

Eu quero descontar um cheque.
I want to cash a check.

Eu quero pagar essa conta.
I want to pay this bill.

Eu quero trocar dinheiro.
I want to change some money.

Qual é a taxa de câmbio?
What's the rate of exchange?

Você tem algum documento de identidade?
Do you have any identification?

Qual é o número de sua conta?
What's the number of your account?

Por favor, digite sua senha.
Please key in your PIN number.

Por favor, preencha este formulário.
Please fill in this form.

Assine aqui, por favor.
Sign here, please.

Sinto muito, mas o cheque voltou.
I'm sorry, but the check bounced.

Minha conta bancária está no vermelho.
My bank account is in the red.

Você pode sacar dinheiro no caixa eletrônico.
You can withdraw money from the ATM.

Palavras úteis

Ação – share
Assinatura – signature
Banco – bank
Caixa (pessoa) – cashier / teller
Caixa eletrônico – ATM (Automated Teller Machine) / cash machine / cash point
Câmbio – exchange / currency exchange
Cartão de crédito – credit card
Cartão de débito – debit card / cash card
Casa de câmbio – exchange office
Centavo – cent
Cheque – check
Cheque cruzado – crossed check
Cheque de viagem – traveler's check
Cheque em branco – blank check
Cheque nominal – check made out to a person's name
Código de barras – bar code
Comissão – comission
Conta bancária – bank account
Conta corrente – checking account / current account
Crédito – credit
Débito – debit
Débito automático – direct debit
Depositar / depósito – deposit
Dinheiro – money
Dinheiro (espécie) – cash
Dólar – dollar
Emprestar – lend
Empréstimo – loan
Extrato – bank statement
Fundo – fund
Gerente de banco – bank manager
Hipoteca – mortgage
Investimento – investment
Investir – invest
Juros – interest

Libra (esterlina) – pound (sterling)
Limite de crédito – overdraft limit
Moeda – coin
Moeda estrangeira – foreign currency
Nota (de dinheiro) – bill / note / banknote
Nota falsa – counterfeit note
Ordem de pagamento – money order / bank draft
Pagamento – payment
Passaporte – passport
Pedir emprestado – borrow
Poupança – savings account
Prestação – instalment
Recibo – receipt
Remessa – remittance
Retirada / saque – withdrawal
Retirar / sacar – withdraw
Saldo – balance
Senha – PIN number (Personal Identification Number)
Talão de cheques – checkbook
Taxa bancária – bank charge
Transferir / transferência – transfer
Trocado – change

Cabeleireiro – CD 2 / faixa 1

Frases úteis

Você tem que marcar uma hora.
You have to make an appointment.

Posso te ajudar?
Can I help you?

Quero um corte de cabelo.
I want a haircut.

Não muito curto, por favor.
Not too short, please.

Apare só as pontas, por favor.
Just trim the ends, please.

Você quer um pouco mais curto?
Do you want it a bit shorter?

Você quer curto na frente / atrás / em cima / dos lados?
Do you want it short in front / at the back / on top / at the sides?

Você quer lavagem também?
Do you also want a shampoo?

Você quer alisar o cabelo?
Do you want to straighten your hair?

Você parte seu cabelo à esquerda ou à direita?
Do you part your hair on the left or on the right?

Gostaria de mudar seu penteado?
Would you like to change your hairstyle?

Gostaria de tingir seu cabelo?
Would you like your hair dyed?

Você quer fazer as unhas das mãos?
Do you want a manicure?

Você quer fazer as unhas dos pés?
Do you want a pedicure?

Com ou sem esmalte?
With or without nail varnish / nail polish?

Posso apenas lixar suas unhas.
I can just file your nails.

Gostaria de aparar a barba?
Would you like to trim your beard?

Raspe tudo.
Shave it all off.

Palavras úteis

Alisamento – hair straightening
Alisar o cabelo – straighten hair
Alongamento – hair extension
Aparelho de barbear – razor
Barba – beard
Barbeador elétrico – electric razor
Barbeiro – barber
Base – foundation
Batom – lipstick
Bigode – mustache
Blush – blush
Bobs – rollers
Cabeleireiro/a – hairdresser / hair stylist
Cabelo – hair
Cabelo cacheado – curly hair
Cabelo liso – straight hair
Cabelo oleoso – greasy hair

Cabelo ondulado – wavy hair
Cabelo seco – dry hair
Cachos – curls
Careca – bold
Caspa – dandruff
Cavanhaque – goatee (beard)
Chapinha – hair straightening iron
Cílios postiços – false eyelashes
Condicionador – conditioner
Corretivo (de espinhas) – (spot) corrector
Cortador de unha – nail clipper
Costeletas – sideburns
Creme – cream
Creme de barbear – shaving cream
Cutícula – cuticle
Delineador – eyeliner
Depilação – waxing
Escova – brush
Escova de cabelo – hairbrush
Escova progressiva – Brazilian blowout / Brazilian hair straightening
Espelho – mirror
Fazer a barba – shave
Franja – fringe / bangs
Grampo de cabelo – hairpin
Lâmina de barbear – razor blade
Lavar – wash
Lixa de unha – nail file
Loção pós-barba – aftershave lotion
Luzes – highlights
Manicure – manicurist
Maquiador/a – makeup artist
Maquiagem – make-up
Modelador de cachos – curling tong
Molhado/a – wet
Penteado – hairdo
Pentear / pente – comb
Permanente – perm

Peruca – wig
Pinça – tweezers
Pó – powder
Queda de cabelo – loss of hair
Removedor – remover
Rímel – mascara
Salão de beleza – beauty salon
Secador – hairdryer
Sobrancelha – eyebrow
Sombra – shadow
Tesoura – scissors
Unhas postiças – fake nails / false nails
Xampu – shampoo

Compras – CD 2 / faixa 2

Frases úteis

Vamos às compras.
Let's go shopping.

Posso te ajudar?
Can I help you?

Está sendo atendido/a?
Are you being served?

Vocês vendem chapéu de praia?
Do you sell beach hats?

Onde posso comprar pedras preciosas?
Where can I buy gemstones?

Tem uma feira de artesanato na praça principal.
There's an artisan fair in the main square.

Você pode comprar artesanato indígena lá.
You can buy Indian handicrafts there.

Você pode comprar roupas no shopping.
You can buy clothes at the mall.

Estou só olhando, obrigado/a.
I'm just looking, thank you.

Qual é seu tamanho?
What size are you?

Que número você calça?
What (shoe) size do you take?

Você gosta de algum tênis da vitrine?
Do you like any sneakers in the window?

Gostaria de experimentar?
Would you like to try it on?

Os provadores estão aqui.
The changing rooms are here.

Está bom?
Is it OK?

Não cabe.
It doesn't fit.

É grande demais.
It's too big.

É pequeno demais.
It's too small.

Você quer um tamanho maior?
Would you like a larger size?

Você quer um tamanho menor?
Would you like a smaller size?

Temos isto em tamanho pequeno, médio, grande e extra-grande.
We have this in small, medium, large and extra large.

Pode ser ajustado.
It can be altered.

Você tem outros?
Do you have any others?

Temos também em outras cores.
We also have it in other colors.

Este está em liquidação.
This one's on sale.

Este é mais barato.
This one is cheaper.

Este é mais caro.
This one is more expensive.

Vou levar este/a.
I'll take this one.

Quanto é?
How much is it?

Aceitamos cartões de crédito, cartões de débito, dinheiro e cheques de viagem.
We accept credit cards, debit cards, cash and traveler's checks.

Tem desconto para pagamentos em dinheiro.
There's a discount for cash payments.

É para presente?
Is it a present?

Quer embrulhado para presente?
Would you like it gift-wrapped?

Aqui está seu recibo.
Here's your receipt.

Não podemos trocar mercadorias sem o recibo.
We cannot exchange goods without a receipt.

Algo mais?
Anything else?

Por favor, pague no caixa.
Please pay at the checkout.

Palavras úteis

Acessórios – accesories
Algodão – cotton
Apertado – tight
Artigos para o lar – household items

Balconista – sales clerk / shop assistant
Bijuterias – jewelry
Brinquedo – toy
Caixa – checkout / cash desk
Caixa (pessoa) – cashier
Calçados – footwear
Camelô – street peddler / street hawker
Carrinho – cart / trolley
Cesta – basket
Comprido – long
Cosméticos – cosmetics
Curto – short
Eletrodomésticos / eletrônicos – electrical appliances
Espelho – mirror
Fibra sintética – synthetic fibre
Folgado – loose
Garantia – guarantee
Hipermercado – hypermarket / superstore
Joalheria – jewelry store
Lã – wool
Largo – wide
Lembrança / suvenir – souvenir
Livraria – bookstore / bookshop
Loja – store / shop
Marca (de produto) – brand
Moda feminina – womenswear
Moda íntima – lingerie
Moda masculina – menswear
Moda praia – beachwear
Náilon – nylon
Óculos de sol – sunglasses
Papelaria – stationery
Pechincha – bargain
Perfumes – perfumes
Praça de alimentação – food court
Preço – price
Produtos de beleza – beauty products
Roupa – clothes

Sacola – bag
Sapatos – shoes
Seda – silk
Supermercado – supermarket
Tecido – material
Vendedor/a – salesperson

Correio – CD 2 / faixa 3

Frases úteis

Onde fica a agência dos correios mais próxima?
Where's the nearest post office?

Posso te ajudar?
Can I help you?

Eu quero comprar alguns selos.
I want to buy some stamps.

Quanto é para mandar esta carta para a Europa?
How much is it to send this letter to Europe?

Eu gostaria de enviar um telegrama.
I'd like to send a telegram.

Eu quero enviar este pacote para os Estados Unidos.
I want to mail this package to the US.

Qual é o conteúdo?
What are the contents?

Qual é o valor do conteúdo?
What is the value of the contents?

Você quer enviar isso por via aérea?
Do you want to send this by airmail?

Uma carta registrada é mais segura e mais rápida.
A registered letter is safer and quicker.

Quanto tempo leva o correio para a Inglaterra?
How long does mail take to get to England?

Quanto é o correio expresso?
How much is express mail?

Por favor, escreva o nome e o endereço do remetente no verso.
Please write the name and address of the sender on the back.

Por favor, preencha este formulário para a alfândega.
Please fill in this customs form.

Aqui está seu recibo.
Here's your receipt.

Onde posso postar isso?
Where can I mail this?

Palavras úteis

Barbante – string
Caixa de correio – mail box / letter box / post box

Carta – letter
Cartão-postal – postcard
Carteiro/a – mail carrier
Código postal – zip code / post code
Colar/cola – glue
Correio – mail / post
Declaração alfandegária – customs declaration
Destinatário/a – addressee
Destino – destination
Durex – Scotch tape / sticky tape
Envelope – envelope
Fita – tape
Fita adesiva – adhesive tape / duct tape
Frágil – fragile
Impresso – printed matter
Mala direta – direct mail
Pacote – package / parcel
Postagem – postage
Vale postal – postal order

Emergências – CD 2 / faixa 4

Frases úteis

Socorro!
Help!

Fogo!
Fire!

Para trás!
Get back!

Ajude-me, por favor!
Help me, please.

Pare! Ladrão!
Stop! Thief!

Fui assaltado/a.
I was mugged.

Você pode descrevê-lo/la?
Can you describe him / her?

Alguém roubou meu carro.
Someone stole my car.

Chame a polícia!
Call the police!

No chão agora!
On the ground now!

Mãos na cabeça!
Hands on your head!

Mãos atrás das costas!
Hands behind your back!

É muito urgente!
It's very urgent!

Venha rápido, por favor!
Come quickly, please!

O prédio está em chamas.
The building's on fire.

Onde você está?
Where are you?

Qual é o problema?
What's the problem?

O que aconteceu?
What happened?

Tem alguém ferido?
Is anyone hurt?

Não consigo mexer minha perna.
I can't move my leg.

Por favor, fique calmo.
Please stay calm.

Não se mexa.
Don't move.

Tudo vai ficar bem.
Everything's going to be fine.

Você quer um intérprete?
Do you want an interpreter?

Você tem alguma identificação?
Do you have any identification / ID?

Aqui está uma cópia do boletim de occorência.
Here's a copy of the police report.

Eu perdi o meu passaporte.
I lost my passport.

Por favor, entre em contato com a sua embaixada.
Please contact your embassy.

Palavras úteis

Acidente – accident
Acidente de carro – car crash
Advogado/a – lawyer
Afogar – drown
Alarme de incêndio – fire alarm
Algemas – handcuffs
Ambulância – ambulance
Arma – gun
Armado – armed
Assaltante – mugger / attacker
Assaltar – mug / attack
Assalto – mugging / attack
Assassinato – murder
Assassino/a – murderer
Atropelar – run over / knock down
Bafômetro – breathalyzer
Batida (automóveis) – crash
Bomba – bomb
Bombeiro/a – firefighter
Carro dos bombeiros – fire engine
Consulado – consulate
Corpo de bombeiros – fire department
Crime – crime
Criminoso/a – criminal
Delegacia – police station
Depoimento – testimony
Depor – testify
Deslizamento de terra – mudslide
Desmoronamento – landslide
Detetive – detective
Dirigir embriagado – drunk driving
Emergência – emergency

Equipamento – equipment
Estuprar / estupro – rape
Extintor de incêndio – fire extinguisher
Furacão – hurricane
Furtar – rob
Hospital – hospital
Incêndio – fire
Inconsciente – unconscious
Inundação – flooding
Inundar – flood
Paramédico/a – paramedic
Patrulhar / patrulha – patrol
Perder – lose
Perigo – danger
Perigoso – dangerous
Polícia de turistas – tourist police
Polícia rodoviária – highway patrol
Policial – police officer
Prender – arrest
Primeiros socorros – first aid
Prisão – prison
Pronto-socorro – emergency room / ER
Rebocar – tow
Resgate – rescue
Roubar – rob / steal
Roubo – robbery / theft
Segurança – safety / security
Segurança (pessoa) – security guard
Seguro – safe
Sequestrar (carro) – carjack
Sequestrar (pessoa) – kidnap
Sequestro (carro) – carjacking
Sequestro (pessoa) – kidnapping
Sequestro relâmpago – quicknapping
Suspeito/a – suspect
Terremoto – earthquake
Testemunha – witness
Trombadinha – pickpocket

Viatura policial – police car
Violência – violence
Violento/a – violent
Vítima – victim

Entretenimento – CD 2 / faixa 5

Frases úteis

O que está passando hoje à noite?
What's on tonight?

Tem uma ótima apresentação no Palace.
There's a great gig at the Palace.

Onde posso encontrar um bom bar?
Where can I find a good pub?

Eu conheço um lugar muito legal.
I know a really cool place.

Estamos dando uma festa.
We're having a party.

O que você gosta de fazer no seu tempo livre?
What do you like to do in your spare time?

Eu gosto de ir para a balada.
I like to go out partying.

Que tipo de filmes você gosta?
What kind of movies do you like?

Vamos assistir a um filme.
Let's watch a movie.

Você gosta de assistir à TV?
Do you like to watch TV?

Novelas são muito populares no Brasil
Soap operas are very popular in Brazil.

Você escuta rádio?
Do you listen to the radio?

Quem é seu cantor / sua cantora preferido/a?
Who's your favorite singer?

Eu gosto muito de ir ao teatro.
I really like to go to the theater.

Ele é o melhor comediante.
He's the best comedian.

Os jovens vão para as boates no fim de semana.
Young people go clubbing on the weekend.

O parque de diversão é ótimo para crianças.
The amusement park is great for kids.

Você pode visitar o museu.
You can visit the museum.

O museu funciona das 9 h às 16 h.
The museum is open from 9 am to 4 pm.

Tem desconto para estudantes e maiores de 60 anos.
There's a discount for students and the over 60s.

Tem visitas guiadas em inglês.
There are guided tours in English.

Palavras úteis

Ao vivo – live
Assento – seat
Ator – actor
Atriz – actress / actor
Audioguia – audio guide
Bailarino/a – dancer
Banda – band
Bar – bar / pub
Bilhete de entrada – entrance ticket
Bilheteria – booking office / box office / ticket office
Boate – nightclub / club
Camarote – box
Casa de shows – concert hall
Casa noturna – nightclub
Cinema – movies / cinema
Circo – circus
Comédia – comedy
Concerto – concert
Dançar – dance
Desenho animado – cartoon
Diversão – fun
Documentário – documentary
Drama – drama
Entretenimento – entertainment
Esgotado – sold out
Espetáculo – show

Ficção científica – science fiction
Filme – movie / film
Filme de ação – action movie
Filme de terror – horror movie
Fliperama – arcade
Ingresso – ticket
Intervalo – interval
Jardim zoológico – zoo
Lazer – leisure
Leão de chácara – bouncer
Legenda (filme) – subtitles
Longa-metragem – feature film
Música – music
Músico/a – musician
Ópera – opera
Orquestra – orchestra
Palco – stage
Pebolim / pimbolim / totó – table football
Peça de teatro – play
Plateia – audience
Público – audience
Roteiro – script
Sinuca – snooker
Suspense – thriller
Tela – screen

Esportes – CD 2 / faixa 6

Frases úteis

Você gosta de esportes?
Do you like sports?

Que esporte você pratica?
What sport do you play?

Jogo tênis.
I play tennis.

Você quer jogar?
Do you want to play?

Ando de bicicleta no fim de semana.
I cycle on the weekend.

Você pode alugar uma bicicleta.
You can rent a bike.

Corro 10 quilômetros todos os dias.
I run 10 kilometers every day.

Onde fica a academia mais perto?
Where's the nearest gym?

Você precisa ser sócio.
You have to be a member.

Os vestiários estão aqui.
The changing rooms are here.

O estádio tem capacidade para 70.000 espectadores.
The stadium holds 70,000 spectators.

Hoje o Santos joga contra o Botafogo.
Today Santos is playing against Botafogo.

Você gostaria de assistir ao jogo?
Would you like to watch the match?

Para quem você torce?
Who do you support?

Qual é o placar?
What's the score?

Três a dois para o São Paulo.
Three to two for São Paulo.

Um jogador foi expulso.
A player was sent off.

Quem ganhou?
Who won?

Palavras úteis

Alpinismo – mountain climbing
Árbitro – referee
Arremessar – throw
Asa-delta – hang gliding
Atletismo – athletics
Automobilismo – motor racing
Basquete – basketball
Beisebol – baseball
Bicicleta – bicycle / bike
Bola – ball
Boxe – boxing
Campeão/ã – champion
Campeonato – championship
Chutar – kick
Ciclismo – cycling
Correr – run
Corrida – race

Derrotar – beat
Empate – draw
Esportes radicais – extreme sports
Esportista – sportsperson / sportsman (homem) / sportswoman (mulher)
Esquiar – ski
Fã – fan
Fazer trilha – hiking
Futebol – soccer / football
Futebol americano – American football
Ganhar – win
Ginástica – gymnastics
Gol – goal
Golf – golf
Handebol – handball
Hipismo – horseback riding / horse riding
Hóquei – hockey
Intervalo – interval / half time
Jogador/a – player
Jogo – game
Juiz (futebol etc.) – referee
Liga – league
Machucar – injure
Maratona – marathon
Marcar (gol, ponto) – score
Nadador/a – swimmer
Nadar – swim
Natação – swimming
Paraquedismo – skydiving
Partida de futebol – football match
Passar – pass
Patinação – skating
Patinação no gelo – ice skating
Patrocinador – sponsor
Perder – lose
Pesca – fishing
Pingue-pongue – table tennis
Piscina – swimming pool

Ponto – point
Prancha de surfe – surfboard
Prorrogação – overtime / extra time
Quadra (de tênis) – (tennis) court
Remo – rowing
Reserva (jogador) – reserve
Resultado – result
Surfe – surfing
Taco – bat
Técnico/a – coach
Tênis – tennis
Time / equipe – team
Torcedor – supporter
Velejar – sailing
Vôlei – volleyball
Vôlei de praia – beach volleyball

Hotel – CD 2 / faixa 7

Frases úteis

Posso te ajudar?
Can I help you?

Você tem reserva?
Do you have a reservation?

Não temos vagas.
We have no vacancies.

Estamos lotados.
We are fully booked.

Para quantas noites?
For how many nights?

Gostaria de um quarto com vista para o mar?
Would you like a room with an ocean view?

O café da manhã está incluso.
Breakfast is included.

Por favor, preencha esta ficha.
Please fill in this form.

Só preciso da sua assinatura.
I just need your signature.

Aqui está sua chave.
Here's your key.

O número do seu quarto é 37.
Your room number is 37.

A senha para se conectar à internet sem fio é Plaza 123.
The password to connect the wireless internet is Plaza 123.

A academia é gratuita para hóspedes.
The gym is free for guests.

Seu quarto fica no segundo andar.
Your room is on the second floor.

Pode deixar suas malas aqui.
You can leave your bags here.

Aproveite a sua estadia.
Enjoy your stay.

Tem um recado para você.
There's a message for you.

Digite nove para uma ligação externa.
Dial nine for an outside line.

Quer deixar um recado?
Do you want to leave a message?

A luz não funciona.
The light doesn't work.

Vou mandar alguém para consertá-lo.
I'll send someone to fix it.

Não tem água quente.
There's no hot water.

O vaso sanitário está entupido.
The toilet's clogged.

Vou embora amanhã.
I'm leaving tomorrow.

Por favor, me acorde às sete.
Please wake me up at seven.

Você tem de fazer o check-out antes das 12 horas.
You have to check out before 12 o'clock.

Palavras úteis

Acesso à internet – internet access
Albergue – hostel

Almoço – lunch
Aquecedor – heater
Ar-condicionado – air conditioning
Armário – cupboard
Atendente do bar – bartender / barman (homem) / barmaid (mulher)
Banheira – bathtub
Banheiro – bathroom
Berço – crib / cot
Cabide – (coat) hanger
Cadeira – chair
Cama – bed
Camareira – maid
Campainha – bell
Carregador – porter
Chuveiro – shower
Cobertor – blanket
Cofre – safe
Colchão – mattress
Conta – bill
Controle remoto – remote control
Cortina – curtain
Despertador – alarm clock
Elevador – elevator / lift
Entrada – entrance
Escada – stairs
Espelho – mirror
Espreguiçadeira – lounger
Estacionamento – car park
Faxineiro/a – cleaner
Frigobar – mini bar
Fronha – pillowcase
Garagem – garage
Garçom – waiter
Garçonete – waitress
Gaveta – drawer
Gerente – manager
Governanta – housekeeper

Guarda-sol – sunshade
Hóspede – guest
Hotel cinco estrelas – five-star hotel
Jantar – dinner
Lâmpada – lamp / bulb / light bulb
Lavanderia – laundry
Lençol – sheet
Meia-pensão – half board
Mensageiro – bellhop / bellboy
Mesa – table
Mezanino – mezzanine
Papel higiênico – toilet paper
Passar a ferro – iron
Pensão completa – full board
Persiana – blinds
Pia – washbasin
Piscina – swimming pool
Porta – door
Porteiro – doorman
Pousada – inn
Quarto – room
Quarto de casal – double room
Quarto de solteiro – single room
Recepção – front desk / reception
Recepcionista – clerk / receptionist
Recibo – receipt
Restaurante – restaurant
Sacada – balcony
Saguão – lobby
Saída – exit
Sauna – sauna
Secador de cabelo – hairdryer
Serviço de despertador – wake up call
Serviço de quarto – room service
Tarifa – rate
Telefone – telephone
Telefonista – telphone operator
Televisão / TV – television / TV

Toalha – towel
Torneira – faucet / tap
Travesseiro – pillow
TV a cabo – cable TV
Ventilador – fan
Voltagem – voltage

Imigração / alfândega - CD 2 / faixa 8

Frases úteis

Por favor, preencha este formulário.
Please fill in this form.

Por favor, aguarde atrás da linha amarela.
Please wait behind the yellow line.

Sua passagem e passaporte, por favor.
Your ticket and passport, please.

Por que você está aqui?
Why are your here?

Quanto tempo você vai ficar?
How long are you going to stay?

Negócios ou lazer?
Business or pleasure?

Estou aqui a negócios.
I'm here on business.

Estou aqui de férias.
I'm here on vacation / holiday.

Onde vai ficar?
Where are you going to stay?

Seu visto é válido por três meses.
Your visa is valid for three months.

Você pode prorrogar seu visto por mais três meses.
You can extend your visa for another three months.

Você tem algo a declarar?
Do you have anything to declare?

Não. Eu não tenho nada a declarar.
No. I have nothing to declare.

Coloque todas as suas malas aqui, por favor.
Put all your bags here, please.

Abra suas malas, por favor.
Open your bags, please.

O que tem aqui dentro?
What's in here?

Isto é isento de taxas.
This is tax free.

Você tem que pagar uma taxa sobre isto.
You have to pay duty on this.

Palavras úteis

Alfândega – customs
Altura – height
Assinatura – signature
Atestado internacional de vacinação – international vaccination certificate
Carteira de identidade – identity card / ID
Carteira de motorista – driver's license
Casado – married
Controle de passaporte – passport control
Data – date
Data de nascimento – date of birth
Declaração alfandegária – customs declaration
Divorciado – divorced
Domicílio – place of residence
Entrada no país – entry into the country
Estado civil – marital status
Estrangeiro/a – foreigner
Fronteira – frontier / border
Funcionário/a da alfândega – customs officer
Funcionário/a da imigração – immigration officer
Local de nascimento – place of birth
Loja franca – duty-free store
Nacionalidade – nationality
Nome do meio – middle name
Peso – weight
Polícia federal – federal police
Primeiro nome – first name
Profissão – profession
Prorrogação – extension / renewal
Quarentena – quarantine
Regulamento – regulation
Saída do país – departure from the country
Separado/a – separated
Sobrenome – surname / last name
Sobrenome de solteira – maiden name
Solteiro/a – single

Taxa de importação – import duty
Visto de entrada – entry visa
Visto de saída – exit visa
Viúva – widow
Viúvo – widower

Negócios / escritório – CD 2 / faixa 9

Frases úteis

O que você faz?
What do you do?

Eu sou consultor/a.
I'm a consultant.

Qual a sua formação?
What's your background?

Sou formado em marketing.
I have a degree in marketing.

Tenho dez anos de experiência.
I have ten years experience.

Qual é o nome da sua empresa?
What's the name of your company?

Eu trabalho por conta própria.
I'm self-employed.

Estou fazendo uma pesquisa.
I'm doing research.

Eu sou responsável pelo Serviço de Atendimento ao Cliente.
I'm responsible for Customer Service.

Fui promovido/a.
I was promoted.

Aqui está o meu cartão de visita.
Here's my business card.

Eu gostaria de marcar uma reunião.
I'd like to arrange a meeting.

Eu tenho que cancelar nossa reunião.
I have to cancel our meeting.

Eu tenho outro compromisso nesse horário.
I have another appointment at that time.

Vamos marcar outra data.
Let's set another date.

Quando você está livre?
When are you free?

Você está ocupado/a amanhã?
Are you busy tomorrow?

Que tal sábado?
What about Saturday?

Mande-me um e-mail.
Send me an email.

Eu tenho que fazer uma apresentação no seminário.
I have to give a presentation at the seminar.

Vou falar sobre as tendências de mercado.
I'm going to talk about market trends.

Eu preciso fazer algumas fotocópias.
I need to make some photocopies.

Por favor, visite o nosso stand na feira de negócios.
Please visit our booth at the trade fair.

Nós não temos orçamento para isso.
We don't have a budget for that.

Agora podemos assinar o contrato.
Now we can sign the contract.

Quando você pode entregar?
When can you deliver?

Palavras úteis

Admistração – administration
Agenda – schedule
Arquivar / arquivo – file
Artigos de papelaria – stationery
Autônomo/a – self-employed
Bloco de anotações – notepad
Cadeira – chair
Caneta – pen
Cargo – post / job
Centro de convenções – convention center
Cesta de lixo – waste basket / wastepaper basket

Chefe – boss
Cliente – client
Cola – glue
Colega de trabalho – co-worker
Computador – computer
Concorrência – competition
Conferência – conference
Consumidor – consumer
Contratar – hire
Correio de voz – voicemail
Crachá – badge / name tag / ID card
Currículo – résumé / CV (curriculum vitae)
Demitir – fire
Departamento – department
Desempregado – unemployed
Diretor/a – director
Durex – Scotch tape / sticky tape
Empregado – employed
Empregado/a (pessoa) – employee
Empregador – employer
Emprego – job
Empresa – company
Enquete – survey
Entrega – delivery
Entrevista – interview
Envelope – envelope
Escritório – office
Estagiário/a – trainee
Estágio – traineeship
Estimativa – estimate
Executiva – businesswoman / businessperson
Executivo – businessman / businessperson
Exibição – exhibition
Exposição – exposition / expo
Feira de negócios – trade fair / show
Férias – vacation / holidays
Filial – branch
Fotocopiadora – photocopier

Funcionário/a – employee
Gaveta – drawer
Gerente – manager
Grampeador – stapler
Hora extra – overtime
Horário – schedule
Impressora – printer
Lápis – pencil
Lucro – profit
Materiais de escritório – office supplies
Matriz – head office
Mesa de trabalho – desk
Negociar – negotiate
Negócios – business
Nota fiscal / fatura – invoice
Pagamento – payment
Palestra – speech
Papel – paper
Pós-graduação – post graduate
Prazo final – deadline
Recepção – reception
Recursos humanos – human resources
Relatório – report
Reunião – meeting
Sala de conferência – conference room
Sala de reuniões – meeting room
Salário – salary
Secretário/a – secretary
Senha – password
Sócio/a – partner
Telefone – telephone
Tesoura – scissors
Trabalhar – work
Trabalho – job
Trabalho em equipe – teamwork
Vaga – vacancy / opening
Vendas – sales

Restaurante - CD 2 / faixa 10

Frases úteis

Para comer aqui ou para viagem?
For here or to go?

Eu gostaria de reservar uma mesa para sábado.
I'd like to book a table for Saturday.

Uma mesa para quatro pessoas, por favor.
A table for four, please.

Você tem uma reserva?
Do you have a reservation?

Quantas pessoas no seu grupo?
How many people in your party / group?

Um grupo de quatro?
A party of four?

Sigam-me, por favor.
Please follow me.

Sinto muito, estamos lotados.
I'm sorry, we're full.

Há uma espera de 20 minutos.
There's a 20 minute wait.

Posso colocar seu nome na lista de espera.
I can put your name on the waiting list.

Seu nome, por favor.
Your name, please.

Gostaria de esperar no bar?
Would you like to wait at the bar?

Esta mesa está reservada.
This table is reserved.

Esta mesa está livre.
This table is free.

A sua mesa está pronta.
Your table is ready.

Eu sou seu garçom hoje à noite.
I'm your server tonight.

Alguma entrada?
Any appetizers?

Gostaria de ver o cardápio?
Would you like to see the menu?

Gostaria de ver a carta de vinhos?
Would you like to see the wine list?

Gostaria de experimentar uma taça de vinho da casa?
Would you like to try a glass of house wine?

Gostaria de pedir agora?
Would you like to order now?

Posso anotar seu pedido?
Can I take your order?

Você precisa de ajuda?
Do you need help?

Temos algumas especialidades locais.
We have some local specialties.

O prato do dia é feijoada.
Today's special is feijoada .

Eu recomendo o vatapá.
I recommend the vatapá.

Vatapá é um prato típico brasileiro com camarão e leite de coco.
Vatapá is a typical Brazilian dish with shrimp and coconut milk.

Demora muito para preparar?
Does it take a long time to prepare?

Vou querer o prato do chef, por favor.
I'll have the chef's special, please.

Ótima escolha, senhor.
Great choice, sir.

Como gostaria o seu bife?
How would you like your steak?

Malpassado, ao ponto, ou bem-passado?
Rare, medium or well done?

Vem com fritas.
It comes with French fries.

E para beber?
And to drink?

Gostaria de seu uísque puro ou com gelo?
Would you like your whisky straight up or on the rocks?

Gostaria de experimentar uma caipirinha?
Would you like to try a caipirinha?

É uma bebida típica brasileira.
It's a typical Brazilian drink.

É feita com cachaça, limões, açúcar e gelo.
It's made with cachaça, limes, sugar and ice.

Água sem gás ou com gás?
Still or sparkling water?

Volto já com suas bebidas.
I'll be right back with your drinks.

Aqui está.
Here you go.

Está tudo bem?
Is everything OK?

Mais alguma coisa?
Anything else?

Outra cerveja, senhor?
Another beer, sir?

Mais um pouco?
A little more?

Posso tirar seu prato?
May I take your plate?

A conta, por favor.
The check / bill, please.

Vamos dividir a conta.
Let's split the check / bill.

Deixe comigo.
Let me get this.

Sinto muito. Não aceitamos cartões de crédito.
I'm sorry. We don't accept credit cards.

Só aceitamos dinheiro ou cartão de débito.
We only accept cash or debit card.

O serviço está incluso.
Service is included.

Há um erro aqui.
There's a mistake here.

Aqui está seu recibo.
Here's your receipt.

Obrigado/a. Volte sempre.
Thank you. Come again.

Palavras úteis

Acompanhamento – side order
Açúcar – sugar
Adoçante – sweetener
Água de coco – coconut water
Água mineral – mineral water
Almoço – lunch
Apimentado – hot
Arroz – rice

Assado/a – roasted / baked
Assar – roast (carne, legumes etc.) / bake (pão, torta etc)
Aves – poultry
Azeite de oliva – olive oil
Banheiro – restroom / bathroom
Batata – potato
Beber – drink
Bebida – beverage / drink
Café – coffee
Café da manhã – breakfast
Canudinho – straw
Carne – meat
Cerveja – beer
Chá – tea
Chef de cozinha – chef
Chope – draft beer
Churrasco – barbecue
Colher – spoon
Comer – eat
Copo – glass
Cozido/a na água – boiled
Cozido/a no vapor – steamed
Cozinha – kitchen
Cozinhar na água – boil
Cozinhar no vapor – steam
Cozinheiro/a – cook
Creme – cream
Cremoso/a – creamy
Cru – raw
Defumado – smoked
Entrada – appetizer / starter
Faca – knife
Fatia / fatiar – slice
Feijão – beans
Frango – chicken
Frio/a – cold
Fritar – fry
Frito/a – fried

Fruta – fruit
Frutos do mar – seafood
Garçom – waiter
Garçonete – waitress
Garfo – fork
Garrafa – bottle
Gelo – ice
Gorjeta – tip
Grelhado/a – broiled / grilled
Grelhar – broil / grill
Guardanapo – napkin / serviette
Ingrediente – ingredient
Jantar – dinner
Jarra – jug
Lanche – snack
Lata – can / tin
Lavador de pratos – dishwasher
Legumes – vegetables
Maître – maitre d'/ head waiter
Manteiga – butter
Massa – pasta
Molho – sauce
Molho para salada – salad dressing
Palito – toothpick
Panela – pan
Pão – bread
Peixe – fish
Picante – spicy
Pimenta – pepper
Pires – saucer
Porção – portion
Prato – plate
Prato principal – main course
Quente – hot
Recepcionista – host (homem) / hostess (mulher)
Rechear – fill
Recheio – filling
Recibo – receipt

Refrigerante – soda / soft drink
Restaurante – restaurant
Rodízio (de carne) – all-you-can eat (barbecue)
Sal – salt
Salada – salad
Sanduíche – sandwich
Sobremesa – dessert
Sopa – soup
Suco – juice
Temperado/a – seasoned
Tempero – seasoning
Tigela – bowl
Toalha de mesa – tablecloth
Vegetariano – vegetarian
Vinagre – vinegar
Vinho branco – white wine
Vinho tinto – red wine
Xícara – cup

Saúde – CD 2 / faixa 11

Frases úteis

Gostaria de marcar uma consulta com o médico.
I'd like to make an appointment with the doctor.

Qual é o problema?
What's the problem?

Não me sinto bem.
I don't feel well.

Tenho um problema cardíaco.
I have a heart condition.

Deixe-me examiná-lo/a.
Let me examine you.

Por favor, deite-se aqui.
Please lie down here.

Respire fundo.
Breathe deeply.

Inspire e expire.
Breathe in and breathe out.

Não mexa a cabeça.
Don't move your head.

Onde dói?
Where does it hurt?

Me dói aqui.
It hurts here.

Você está sangrando.
You're bleeding.

Estou com dor de cabeça.
I have a headache.

Você tem febre?
Do you have a fever / a temperature?

Mais alguns sintomas?
Any other symptoms?

Você é alérgico/a a algo?
Are you allergic to anything?

Quando foi sua última menstruação?
When was your last period?

Você está tomando algum remédio?
Are you on medication?

Sua pressão arterial está alta.
Your blood pressure is high.

Sua pressão arterial está baixa.
Your blood pressure is low.

Você precisa fazer um exame de sangue.
You need to do a blood test.

Você foi vacinado/a contra hepatite?
Have you been vaccinated against hepatitis?

Vamos tirar um raio X.
Let's take an X-ray.

Não há nada quebrado.
There's nothing broken.

Você se sente melhor?
Do you feel better?

Fique na cama por alguns dias.
Stay in bed for a few days.

Você precisa ficar de repouso absoluto.
You need to have complete rest.

Estimo as melhoras.
I hope you feel better.

Você quer um atestado médico?
Do you want a doctor's note?

Não é nada grave.
It's nothing serious.

Você precisa de uma obturação.
You need a filling.

Abra bem (a boca).
Open wide.

Feche a boca, por favor.
Close your mouth, please.

Tome uma cápsula antes ou depois das refeições.
Take one capsule before or after meals.

Tome um comprimido três vezes por dia.
Take one pill three times a day.

Tome este remédio em jejum.
Take this medication on an empty stomach.

Não há efeitos colaterais.
There are no side effects.

Tem a pílula do dia seguinte?
Do you have the morning-after pill?

Só com uma prescrição médica.
Only with a prescription.

Onde fica a ala infantil?
Where's the children's ward?

Qual é o horário de visitas?
What are the visiting hours?

Eu sou o/a médico/a de plantão.
I'm the doctor on duty.

Palavras úteis

Alergia – allergy
Altura – height
Ambulância – ambulance
Analgésico – painkiller
Antibiótico – antibiotic
Anticoncepcional – contraceptive
Antisséptico – antiseptic
Antisséptico bucal – mouthwash
Arder – sting
Arranhão – graze
Atadura – bandage
Ataque cardíaco – heart attack
Azia – heartburn
Bula – instructions for use
Cadeira de rodas – wheelchair
Cãibra – cramp
Calmante – tranquilizer
Cama – bed
Canal dentário – root canal
Cárie dentária – cavity / tooth decay
Caroço – lump
Choque – shock
Cirurgia – surgery
Cirurgião – surgeon
Clínica – clinic
Clínico/a geral – general practitioner
Coçar / coceira – itch
Concussão – concussion
Consultório de dentista – dentist's office

Consultório de médico/a – doctor's office
Coroa dentária – crown
Cortar / corte – cut
Curar / cura – cure
Curativo – dressing
Curativo adesivo – bandage / plaster
Dar alta – discharge / release
Dentadura – dentures / false teeth
Dente – tooth
Dente canino – canine
Dente de leite – baby tooth / milk tooth
Dente do siso – wisdom tooth
Dente molar – molar
Dentes – teeth
Dentista – dentist
Desidratado/a – dehydrated
Desmaiar – faint
Diagnosticar – diagnose
Diagnóstico – diagnosis
Diarreia – diarrhea
Doador/a – donor
Doença – sickness / illness / disease
Doente – sick / ill
Dor – pain
Dor de barriga – stomach ache
Dor de dente – toothache
Dor de garganta – sore throat
Dor de ouvido – earache
Dor nas costas – backache
Dosagem – dosage
Efeito colateral – side effect
Emplastro – adhesive plaster
Enfermeiro/a – nurse
Engasgar – choke
Enjoo – náusea
Entorse – sprain
Enxaqueca – migraine
Erupção cutânea – rash

Esparadrapo – plaster
Especialista – specialist
Espirrar / espirro – sneeze
Evacuar – evacuate / excrete / defecate
Examinar – examine
Extrair – extract
Farmacêutico/a – pharmacist
Farmácia – drugstore / pharmacy / chemist
Farmácia 24 horas – all-night drugstore
Ferida – wound
Ferimento – injury
Fio dental – dental floss
Fraco/a – weak
Fratura – fracture
Gargarejo – gargle
Gaze – gauze
Gengivas – gums
Gesso – (plaster) cast
Gotas – drops
Grávida – pregnant
Gripe – flu
Hematoma – bruise
Hemorragia – haemorrhage / bleeding
Hipertenso – hypertensive
Hospital – hospital
Inchaço – swelling
Inchado – swollen
Indigestão – indigestion
Infarto – heart attack
Infecção – infection
Inflamação – inflammation
Injeção – injection
Insolação – sunstroke
Internar – hospitalize
Intoxicação alimentar – food poisoning
Laboratório – laboratory
Maca – stretcher
Machucado/a – injured

Menstruar – menstruate
Morder / mordida – bite
Morto/a – dead
Muleta – crutch
Nariz escorrendo – runny nose
Náusea – nausea
Nervo – nerve
Nódulo – lump
Oftalmologista – ophthalmologist
Operação – operation
Operar – operate
Osso – bone
Paciente – patient
Peso – weight
Picar / picada – bite / sting
Pílula – pill
Plano de saúde – health plan
Pomada – ointment
Pontos (de sutura) – stitches
Preservativo – condom
Primeiros socorros – first aid
Prisão de ventre – constipation
Pronto-socorro – emergency room / ER
Quebrado/a – broken
Quebrar – break
Queimadura / queimar – burn
Queimadura solar – sunburn
Radiografar / radiografia – X-ray
Raiz – root
Receita – prescription
Remédio – medication / medicine
Resfriado – cold
Sala de espera – waiting room
Sangue – blood
Saudável – healthy
Saúde – health
Seringa – syringe
Soro – drip

Tala – splint
Termômetro – thermometer
Tipo sanguíneo – blood type
Tomografia – scan
Tonto/a – dizzy
Tontura – dizziness
Torcer / torção – sprain / twist
Tossir / tosse – cough
Transfusão de sangue – blood transfusion
Tratamento – treatment
Tratar – treat
Urinar – urinate
Urinol – bedpan
UTI (Unidade de Tratamento Intensivo) – ICU – Intensive Care Unit
Vacinação – vaccination
Vomitar – vomit
Xarope – syrup

Táxi – CD 2 / faixa 12

Frases úteis

Pegue um táxi.
Take a taxi.

Está livre?
Are you free?

Sim, estou livre.
Yes, I'm free.

Não, não estou livre.
No, I'm not free.

Quanto custa até o Hotel Plaza?
How much is it to the Plaza Hotel?

Por favor, entre no carro.
Please get in the car.

Esta é a sua mala?
Is this your bag?

Posso te ajudar com as suas bagagens?
Can I help you with your baggage?

Por favor, ligue o ar-condicionado.
Please turn on the air conditioning.

Por favor, desligue o ar-condicionado.
Please turn off the air conditioning.

Para onde?
Where to?

Qual é o endereço?
What's the address?

É longe daqui?
Is it far from here?

Estou com pressa.
I'm in a hurry.

Quanto tempo leva para chegar lá?
How long does it take to get there?

Leva 20 minutos.
It takes 20 minutes.

Depende do trânsito.
It depends on the traffic.

Tem bastante trânsito.
There's a lot of traffic.

É a hora do rush.
It's the rush hour.

Aqui estamos.
Here we are.

Pare aqui, por favor.
Stop here, please.

Pode me deixar aqui.
You can drop me here.

Eu não posso parar aqui.
I can't stop here.

Espere aqui, por favor.
Wait here, please.

Quanto é?
How much is it?

Quanto é para ir e voltar?
How much to go there and back?

Você aceita cartão de crédito?
Do you take credit cards?

Não, somente dinheiro.
No, only cash.

Você tem troco para R$ 50?
Do you have change for R$ 50?

Desculpe, eu não tenho nenhum trocado.
Sorry, I don't have any change.

Fique com o troco.
Keep the change.

Aqui está seu recibo.
Here's your receipt.

Aqui está meu cartão.
Here's my card.

Ligue para mim se precisar de um táxi, O.k.?
Call me if you need a taxi OK?

Posso te pegar no hotel.
I can pick you up at the hotel.

Tenha uma boa estadia.
Have a nice stay.

Palavras úteis

Aquecedor – heater
Atalho – shortcut
Avenida – avenue
Bairro – district
Banco (do carro) – seat
Caminho – way
Centro da cidade – downtown / city center
Cinto de segurança – seat belt

Cobrar – to charge
Cruzamento – crossing
Devagar – slow
Dirigir – drive
Distância – distance
Engarrafamento – traffic jam / bottleneck
Esquina – corner
Estacionamento – parking lot
Estepe – spare tire
Garagem – garage
Gorjeta – tip
Janela – window
Macaco – jack
Mala – bag
Motorista – driver
Parada – stop
Passageiro/a – passenger
Pedágio – toll
Perto – near
Pneu – tire
Ponto de táxi – taxi stand / taxi rank
Porta – door
Porta-malas – trunk / boot
Quarteirão – block
Quilômetro – kilometer
Rádio / CD – radio / CD player
Rápido – fast
Rua – street
Rua de mão dupla – two-way street
Rua de mão única – one-way street
Rua sem saída – dead end
Sinal de trânsito – traffic light
Taxa adicional – extra charge
Táxi – taxi / cab
Taxímetro – taximeter / meter
Travado/a – locked
Valor (da corrida) – fare

Telefone - CD 2 / faixa 13

Frases úteis

Alô. O Ricardo está, por favor?
Hello. Is Ricardo there, please?

Posso falar com John, por favor?
Can I speak to John, please?

É ele / ela.
This is he / she.
ou
Speaking.

Quem está falando?
Who's speaking?

Quem deseja, por favor?
May I ask who's calling?

Como posso te ajudar?
How can I help you?

Estou ligando a respeito da conferência.
I'm calling about the conference.

Aqui é Daniel (falando).
This is Daniel (speaking).

Aguarde na linha, por favor.
Hold the line, please.

Um momento, por favor.
One moment, please.

Vou te transferir para o departamento de vendas.
I'll put you through to the Sales Department.

Sinto muito. A linha está ocupada.
I'm sorry. The line's busy.

O ramal está ocupado.
The extension is engaged.

O Sr. Santos não está disponível no momento.
Mr Santos is not available at the moment.

Por favor, tente mais tarde.
Please try later.

Por favor, deixe um recado após o sinal.
Please leave a message after the tone.

Sinto muito. É engano.
Sorry. Wrong number.

O telefone está mudo.
The line's dead.

Não há sinal de celular.
There's no cell signal.

A bateria está acabando.
The battery is low.

Tenho de recarregar a bateria.
I have to recharge the battery.

A ligação caiu.
I've been cut off.

A conexão está ruim.
The connection's bad.

Eu não consigo te ouvir muito bem.
I can't hear you very well.

Ninguém responde.
There's no reply.

Por favor, não desligue.
Please don't hang up.

Posso deixar um recado?
Can I leave a message?

Posso anotar um recado?
Can I take a message?

Por favor, diga-lhe que o Marcelo ligou.
Please tell him / her that Marcelo called.

Vou ligar de novo mais tarde.
I'll call again later.

Peça para ele ligar para mim de volta, por favor.
Ask him to call me back, please.

Qual é seu número?
What's your number?

Meu número é 5632-7914.
My number is 5632-7914.

Ligue para mim.
Call me.

Você pode usar o telefone público.
You can use the public phone.

Você tem de digitar o código da operadora.
You have to dial the carrier code.

Qual é o código de DDI para a Inglaterra?
What's the country code for England?

Qual é o código de DDD para Recife?
What's the area code for Recife?

Obrigado/a por ligar.
Thanks for calling.

Palavras úteis

Carregador – charger
Cartão telefônico – phone card
Celular – cell phone / mobile phone
Celular pré-pago – pre-paid cell phone / mobile phone
Chamada a cobrar – collect call / reverse charge call
Chamada local – local call
Código – code
Discar – dial
Ligação – call
Ligação interurbana – long-distance call
Ligar / telefonar – call
Linha externa – outside line
Moeda – coin
Número 0800 – toll free number
Secretária eletrônica – answering machine
Teclar – dial
Telefone – telephone / phone

Telefone sem fio – cordless phone
Telefonista – telephonist

Transportes – CD 2 / faixa 14

Frases úteis

Posso te ajudar?
Can I help you?

Para onde você quer ir?
Where do you want to go?

Compre uma passagem na bilheteria.
Buy a ticket at the ticket office.

A estação de metrô mais próxima fica na Avenida Paulista.
The nearest subway station is on Avenida Paulista.

Faça baldeação na estação de metrô Paraíso.
Change trains at Paraíso subway station.

Este ônibus vai para o centro.
This bus goes downtown. / This bus goes to the center.

Pegue este ônibus e desça na praça principal.
Take this bus and get off at the main square.

Verifique a tabela de horários.
Check the timetable.

Quanto é uma passagem para Paraty?
How much is a ticket to Paraty?

Tem três tipos de ônibus: convencional, executivo e leito.
There are three types of bus: normal, executive and sleeper.

Uma passagem de ida e volta sai mais barato.
A round-trip ticket is cheaper.

O trem / ônibus sai da plataforma cinco.
The train / bus leaves from platform five.

Você tem que trocar de ônibus em Belo Horizonte.
You have to change in Belo Horizonte.

Este é o ônibus para o Rio.
This is the bus to Rio.

O ônibus sai às 15 h.
The bus leaves at 3 pm.

Ele sai no horário.
It leaves on time.

A que horas chega?
What time does it arrive?

São sete horas de viagem.
It's a seven-hour trip.

A distância de São Paulo ao Rio é de mais ou menos 400 km.
The distance from São Paulo to Rio is about 400 km.

A próxima balsa para Guarujá sai às 10h30.
The next ferry to Guarujá leaves at 10:30.

Nós paramos em Jundiaí e em Campinas.
We stop in Jundiaí and Campinas.

Com duas paradas.
With two stops.

Tem um banheiro a bordo.
There's a toilet on board.

Este assento está ocupado.
This seat is taken.

Com licença, este é o meu lugar.
Excuse me, that's my seat.

Por favor, me avise quando chegarmos.
Please tell me when we arrive there.

Palavras úteis

Achados e perdidos – lost and found
Ar-condionado – air conditioning
Assento – seat
Atrasado/a – delayed
Bagagem – baggage / luggage
Balsa / ferryboat – ferry
Barco – boat
Bicicleta – bicycle / bike
Bilhete – ticket
Bonde – cable car / streetcar / tram
Cabine – cabin
Capitão – captain
Carregador – porter
Chegada – arrival
Chegar – arrive
Cobrador – conductor
Colete salva-vidas – life jacket

Conexão – connection
Cruzeiro – cruise
Descer (do trem / ônibus etc.) – get off
Entrada – entrance
Entrar (no trem / ônibus etc.) – get on
Estação de metrô – subway station / underground station
Estação de trem – train station
Estação rodoviária – bus station
Estrada – road
Estrada de terra – dirt road
Excursão – excursion
Guarda-volumes – luggage locker / left-luggage office
Helicóptero – helicopter
Informações – information
Longe – far
Mala – bag
Metrô – subway / underground
Motocicleta – motorcycle / motorbike
Motorista – driver
Navio – ship
Partida – departure
Partir – depart
Passageiro/a – passenger
Passagem de ida – single ticket
Passagem de ida e volta – round-trip ticket / return ticket
Perto – near
Ponto de ônibus – bus stop
Porta-malas (ônibus, trem) – luggage compartment
Porto – harbour
Saída – exit
Saída de emergência – emergency exit
Tarifa – fare
Teleférico – cable car
Terminal – terminal
Terminal de ônibus – bus terminal
Trajeto – route / way
Transporte – transportation / transport
Travessia – crossing

Tripulação – crew
Vagão – carriage
Viagem – trip

Turismo – CD 2 / faixa 15

Frases úteis

O escritório de informações turísticas fica perto daqui.
The tourist information office is near here.

Posso te ajudar?
Can I help you?

Hoje nós vamos visitar o Mercado Municipal.
Today we're going to visit the Municipal Market.

Quanto tempo leva?
How long does it take?

Saímos às 7 h.
We leave at 7 o'clock.

Voltamos às 18 h.
We return at 6 pm.

Cuidado com trombadinhas.
Be careful of pickpockets.

Leve uma cópia do seu passaporte.
Take a copy of your passport.

Deixe coisas valiosas no cofre do hotel.
Leave valuables in the hotel safe.

O almoço está incluso no preço.
Lunch is included in the price.

Haverá tempo livre para compras.
There'll be free time for shopping.

A loja de presentes fica ali.
The gift shop's there.

Sigam-me!
Follow me!

Vocês podem tirar fotos.
You can take photos.

Foi construído/a em 1837.
It was built in 1837.

Esta obra é de Portinari.
This work is by Portinari.

Podemos ir a pé.
We can walk.

Podemos ir de van.
We can go by van.

Não está aberto/a ao público.
It's not open to the public.

Qual é o horário de funcionamento?
What are the opening times?

O museu abre às 10 h e fecha às 16 h.
The museum opens at 10 am and closes at 4 pm.

O guia (livro) é gratuito.
The guidebook is free.

Tem acesso para cadeira de rodas.
There's wheelchair access.

Os banheiros ficam ali.
The toilets are there.

Proibido nadar.
No swimming.

É perigoso nadar aqui.
It's dangerous to swim here.

Há correntezas fortes.
There are strong currents.

Há tubarões aqui.
There are sharks here.

É seguro surfar aqui.
It's safe to surf here.

Palavras úteis

Agência de turismo – travel agency
Agente de viagens – travel agent
Água de coco – coconut water
Aldeia – village
Alta temporada – high season

Areia – sand
Artesanato – handicrafts
Atrações turísticas – sights
Baía – bay
Baixa temporada – low season
Balneário – seaside resort
Barroco – Baroque
Beira-mar – seaside / seashore
Bilhete de entrada – entrance ticket
Biquíni – bikini
Boné – baseball cap
Bosque – wood
Bronzeado – suntan
Bronzeador – suntan cream
Cadeira de praia – beach chair
Calção de banho – swim shorts
Campo – countryside
Capela – chapel
Cartão-postal – postcard
Catarata / cachoeira – waterfall
Catedral – cathedral
Caverna – cave
Centro cultural – cultural center
Centro da cidade – downtown / city center
Chapéu de sol – sun hat
Costa – coast
Duna – sand dune
Edifício – building
Escultor/a – sculptor
Estátua – statue
Excursão – excursion / tour
Exposição – exhibition
Fazenda – farm
Feira – fair
Feira hippie – flea market
Férias – vacation / holiday
Floresta tropical – tropical rainforest
Folheto – leaflet

Fonte de água termal – hot spring
Fortaleza – fort
Fundação – foundation
Galeria de arte – art gallery
Grupo – group
Guarda-sol – sunshade / beach umbrella
Guia (pessoa) – guide
Guia de ruas – street map
Igreja – church
Ilha – island
Itinerário – itinerary
Jardim botânico – botanical gardens
Lago – lake
Lembrança /suvenir – souvenir
Litoral – seaside
Maiô – swimsuit / bathing suit
Mapa – map
Mar – sea
Maré – tide
Maré alta – high tide
Maré baixa – low tide
Mata – forest
Mergulhar – dive
Mergulho – diving
Mochileiro/a – backpacker
Montanha – mountain
Monumento – monument
Morro – hill
Nadar – swim
Óculos de sol – sunglasses
Onda – wave
Ônibus – bus
Orla – waterfront
Paisagem – landscape
Palácio – palace
Parque – park
Parque de diversões – amusement park
Parque nacional – national park

Parque temático – theme park
Passeio – trip / tour
Passeio com guia – guided tour
Passeio de barco – boat trip
Pé de pato – flipper
Pintor/a – painter
Piquenique – picnic
Ponte – bridge
Porto – harbour
Praça – square
Praia – beach
Prancha de surfe – surfboard
Prédio – building
Prefeitura – town hall / city hall
Protetor solar – sunscreen / sunblock
Região – region
Rio – river
Rota – route
Roupa de praia – beachwear
Salva-vidas – lifeguard
Serra – mountain range
Sunga – swimming trunks
Teleférico – cable car
Temporada – season
Toalha de praia – beach towel
Tomar banho de sol – sunbathe
Torre – tower
Túmulo – tomb / grave
Turismo – tourism / sightseeing
Turista – tourist
Vale – valley
Viagem – trip
Vida noturna – nightlife
Visitante – visitor
Vista – view
Zoológico – zoo

O alfabeto inglês

CD 2 / faixa 16

1 Ouça o CD de áudio e repita a pronúncia do alfabeto inglês.

A B C D E F G H I J K L M
N O P Q R S T U V W X Y Z

2 Agora ouça e repita algumas abreviações muito comuns em inglês.

ATM ID AM PM ETA TV RSVP UFO ER CV

YMCA BBC LAX JFK GMT USA UK VIP UN OK

BA MA PhD MBA GPS DVD CD SUV DJ NYPD

CIA FBI CEO DNA ICU SMS FAQ WWW SOS EU

3 Você já sabe como soletrar seu nome completo?

Números

CD 2 / faixa 17

NÚMERO	NUMBER
0	zero
1	one
2	two
3	three
4	four
5	five
6	six
7	seven
8	eight

9	nine
10	ten
11	eleven
12	twelve
13	thirteen
14	fourteen
15	fifteen
16	sixteen
17	seventeen
18	eighteen
19	nineteen
20	twenty
21	twenty-one
22	twenty-two
23	twenty-three
24	twenty-four
25	twenty-five
26	twenty-six
27	twenty-seven

28	twenty-eight
29	twenty-nine
30	thirty
40	forty
50	fifty
60	sixty
70	seventy
80	eighty
90	ninety
100	one hundred
200	two hundred
300 etc.	three hundred etc.
1.000	one thousand
2.000 etc.	two thousand etc.
1.000.000	one million
1.000.000.000	one billion

Dias da semana, meses, estações do ano

CD 2 / faixa 18

Dias da semana

segunda-feira	Monday
terça-feira	Tuesday
quarta-feira	Wednesday
quinta-feira	Thursday
sexta-feira	Friday
sábado	Saturday
domingo	Sunday

Meses

janeiro	January
fevereiro	February
março	March
abril	April
maio	May
junho	June
julho	July
agosto	August
setembro	September
outubro	October
novembro	November
dezembro	December

Estações do ano

primavera	spring
verão	summer
outono	fall / autumn
inverno	winter

Países e nacionalidades

CD 2 / faixa 19

PAÍS	COUNTRY	NATIONALITY
África do Sul	South Africa	South African
Alemanha	Germany	German
Austrália	Australia	Australian
Áustria	Austria	Austrian
Bélgica	Belgium	Belgian
Brasil	Brazil	Brazilian
Canadá	Canada	Canadian
China	China	Chinese
Coreia do Sul	South Korea	South Korean

Dinamarca	Denmark	Danish
Egito	Egypt	Egyptian
Escócia	Scotland	Scottish
Espanha	Spain	Spanish
Estados Unidos	United States	American
Finlândia	Finland	Finn
França	France	French
Grécia	Greece	Greek
Holanda	Holland	Dutch
Índia	India	Indian
Inglaterra	England	English
Irlanda	Ireland	Irish
Itália	Italy	Italian
Japão	Japan	Japanese
Noruega	Norway	Norwegian
Nova Zelândia	New Zealand	New Zealander
País de Gales	Wales	Welsh
Portugal	Portugal	Portuguese
Rússia	Russia	Russian

Suécia	Sweden	Swedish
Suíça	Switzerland	Swiss
Turquia	Turkey	Turkish

Verbos no passado

A grande maioria dos verbos em inglês é regular, e para usar o passado do verbo você simplesmente acrescenta -d, -ed ou -ied. Por exemplo:

Eu moro – I live
Eu morei – I lived

Você trabalha – you work
Você trabalhou – you worked

Eles fritam – they fry
Eles fritaram – they fried

Usa-se essa mesma forma para todas as pessoas – eu, você, ele, ela, nós, eles, elas etc. Por exemplo, todas as formas do passado em português – trabalhei, trabalhou, trabalhamos, trabalharam etc. – podem ser traduzidas por apenas uma palavra em inglês: worked.

Desse modo:

Eu trabalhei – I worked
Ela trabalhou – she worked
Nós trabalhamos – we worked
etc.

Os verbos irregulares têm várias formas diferentes no passado. Infelizmente, não há regra para explicá-los, você vai ter de decorar, ou melhor, usá-los bastante até fixá-los na memória. Veja a seguir alguns exemplos dos verbos irregulares mais comuns em inglês.

VERBO	PASSADO	SIGNIFICADO
be	was	ser / estar
begin	began	começar
break	broke	quebrar
bring	brought	trazer
build	built	construir
buy	bought	comprar
come	came	vir
do	did	fazer
drink	drank	beber
eat	ate	comer
feel	felt	sentir

find	found	achar / encontrar
fly	flew	voar
forget	forgot	esquecer
get	got	conseguir
give	gave	dar
go	went	ir
have	had	ter
know	knew	saber / conhecer
leave	left	sair / deixar
lose	lost	perder
make	made	fazer
meet	met	encontrar
put	put	pôr
run	ran	correr
say	said	dizer
see	saw	ver
sell	sold	vender
send	sent	enviar
sing	sang	cantar

sit	sat	sentar
sleep	slept	dormir
speak	spoke	falar
spend	spent	gastar
stand	stood	ficar em pé
steal	stole	roubar
swim	swam	nadar
take	took	levar
teach	taught	ensinar
tell	told	dizer / contar
think	thought	pensar
understand	understood	entender
wake	woke	acordar
win	won	ganhar
write	wrote	escrever

Minidicionário português-inglês

Todas as 1.200 palavras no minidicionário são palavras extras, que não constam nas outras partes do livro. Se você não achar a palavra que procura aqui, verifique também na seção referente ao assunto no livro.

A

A/as - the
Abacate - avocado
Abacaxi - pineapple
Abaixo - below
Abelha - bee
Abóbora - pumpkin
Abobrinha - zucchini / courgette
Aborto - abortion
Abraçar / abraço - hug
Abridor de garrafa - bottle opener
Abridor de lata - can opener
Abrir / aberto/a - open
Acabar - finish
Acima - above
Acontecer - happen
Açougue - butcher's

Adaptador - adaptor
Adivinhar - guess
Adulto/a - adult
Agora - now
Água-viva - jellyfish
Agulha - needle
Aí / ali / lá - there
Ainda - still
Alcaparra - caper
Alface - lettuce
Algo - something
Alguém - somebody
Alho - garlic
Almôndega - meatball
Altar - altar
Alto (som) - loud
Alto/a (estatura) - tall
Amanhã - tomorrow
Amar / amor - love
Amarelo/a - yellow
Amargo/a - bitter
Ambos/as - both
Ameixa - plum
Amendoim - peanut
Amigo/a - friend
Amora - blackberry
Analista de sistemas - systems analyst
Andar / caminhar - walk
Anel - ring
Animal - animal
Animal de estimação - pet
Antena parabólica - satellite dish
Anteontem - the day before yesterday
Antes - before
Anúncio - advertisement
Apartamento - apartment / flat
Apelido - nickname
Apontar - point

Aposentado/a - retired
Aposentado/a (pessoa) - retiree / pensioner
Aposentar - retire
Apostar / aposta - bet
Aprender - learn
Aranha - spider
Arquiteto/a - architect
Arquitetura - architecture
Artéria - artery
Artes marciais - martial arts
Árvore - tree
Às vezes - sometimes
Aspirina - aspirin
Assim - so
Assistente social - social worker
Até - till / until
Atmosfera - atmosphere
Atrás - behind
Através - through
Atravessar - cross
Atum - tuna
Aula - lesson
Aviso - notice
Avô - grandfather
Avó - grandmother
Avós - grandparents
Azedo - sour
Azeitona - olive
Azul - blue
Azul-marinho - navy-blue

B

Babá - babysitter
Bacalhau - cod
Bacon - bacon
Bagunça - mess / confusion
Baixo/a (estatura) - short
Bala - candy / sweet

Balde – bucket
Balé – ballet
Baleia – whale
Banana – banana
Banca de jornal – newsstand
Bancário/a – bank clerk
Bandeira – flag
Bandeja – tray
Baralho – pack of cards
Barata (inseto) – cockroach
Barraca – tent
Barulhento/a – noisy
Barulho – noise
Bater papo / bate-papo – chat
Batismo – baptism
Baunilha – vanilla
Bêbado/a – drunk
Bebê – baby
Bege – beige
Beija-flor – humming bird
Beijar / beijo – kiss
Belo/a – beautiful
Beringela – egg plant / aubergine
Beterraba – beet / beetroot
Bexiga – bladder
Bíblia – bible
Biblioteca – library
Bibliotecário/a – librarian
Bicho (inseto) – bug
Binóculo – binoculars
Biscoito – cookie / biscuit
Blusa – blouse
Bochecha – cheek
Bode – goat
Bolha – blister
Boliche – bowling
Bolo – cake
Bolsa – handbag

Bolso - pocket
Bombom - chocolate / sweet
Bonito/a - beautiful
Borboleta - butterfly
Bota - boot
Botão - button
Braço - arm
Branco/a - white
Bricadeira - joke
Brinco - earring
Brisa - breeze
Britânico/a - British
Brócolis - broccoli
Bronquite - bronchitis
Budista - Buddhist

C

Caça - hunting
Cacau - cocoa
Cachecol - scarf
Cachorro - dog
Cada - each
Cadeado - lock / padlock
Caderno - notebook
Cair - fall
Calçada - sidewalk / pavement
Calcanhar - heel
Calças - pants / trousers
Calcinha - panties
Calculadora - calculator
Caldo de galinha - chicken broth
Calendário - calendar
Câmera fotográfica - camera
Caminhão - truck / lorry
Camisa - shirt
Camiseta - T-shirt
Camisinha - condom
Campainha - bell

Camping (local) - campground / campsite
Camundongo - mouse
Canção - song
Câncer - cancer
Caneca - mug
Canga - sarong
Canivete - penknife
Cano - pipe
Canoa - canoe
Cansado/a - tired
Cantar - sing
Capacete - helmet
Caranguejo - crab
Carne bovina - beef
Carne moída - ground beef / minced meat
Carona - ride / lift
Carpete - carpet
Carpinteiro/a - carpenter
Carregar - carry
Carrinho de bebê - stroller
Cartão de memória - memory card
Cartaz - poster
Carteira - wallet
Carvão - charcoal
Casa - house
Casaco - coat
Casamento - wedding / marriage
Casar - marry
Cassino - casino
Castanha-de-caju - cashew
Castanha-do-pará - Brazil nut
Castanho/a - brown
Catapora - chicken pox
Católico/a - Catholic
Cavalo - horse
Caxumba - mumps
Cebola - onion
Cedo - early

Cego - blind
Cenoura - carrot
Cerâmica - ceramics / pottery
Cereal - cereal
Cérebro - brain
Cereja - cherry
Certidão de nascimento - birth certificate
Cesta - basket
Céu - sky
Chão - floor
Charuto - cigar
Chato/a - uncool / boring
Chave de fenda - screwdriver
Chefe - boss
Cheio/a - full
Cheirar / cheiro - smell
Chiclete - gum / chewing gum
Chinelos - thongs / flip-flops
Chocolate - chocolate
Chupeta - pacifier / dummy
Churrasco - barbecue
Ciclovia - cycle track
Ciências - science
Cientista - scientist
Cigarro - cigarette
Cinto - belt
Cintura - waist
Cinza - gray
Cinzeiro - ashtray
Codorna - quail
Coelho - rabbit
Cogumelo - mushroom
Colar (adorno) - necklace
Colega - colleague
Colírio - eye drops
Colisão - collision
Colorido/a - colorful
Coluna vertebral - spine

Com - with
Comemoração - celebration
Companheiro/a - companion
Complicado/a - complicated
Comum - common
Comunhão - communion
Comunicação - communication
Comunicar - communicate
Concha - shell
Concordar - agree
Condição - condition
Condimento - spice
Confeitaria - confectionery / candy store / cake shop
Confeiteiro/a - confectioner
Confortável - comfortable
Congelado/a - frozen
Congelar - freeze
Conselho - advice
Consertar / conserto - repair / fix
Conservador/a - conservative
Contador/a - accountant
Contente - glad
Contra - against
Contusão - bruise
Convés - deck
Convidado/a - guest
Convidar - invite
Convite - invitation
Copa do Mundo - World Cup
Copas (naipe) - hearts
Cordeiro - lamb
Cor-de-rosa - pink
Corpo - body
Corrente - chain
Corretor/a de imóveis - real estate agent
Corrupto/a - corrupt
Costela - rib
Costurar - sew

Costureira - dressmaker
Cotovelo - elbow
Couro - leather
Couve - kale
Couve-flor - cauliflower
Couvert artístico - cover charge
Coxa - thigh
Crânio - skull
Creche - crèche
Creme de leite - cream
Crescer - grow
Criança - child / kid
Crianças - children / kids
Cristão - Christian
Cristo - Christ
Croquete - rissole
Cruz - cross
Cueca - underpants
Curso - course
Curva - bend

D

Dama - lady
Damasco - apricot
Danificar - damage
Data de validade - expiration date / sell-by date
De - of
Decidir - decide
Dedo - finger
Dedo do pé - toe
Deficiente (pessoa) - person with disabilites / disabled person
Deitar - lie down
Dela - hers
Dele - his
Dele/a (coisas) - its
Deles/as - theirs
Delicioso/a - delicious
Demais - too much

Democracia – democracy
Dentro – inside
Depois – after
Depois de amanhã – the day after tomorrow
Depressa – quickly
Depressão – depression
Derrame – stroke
Descansar / descanso – rest
Descarga / dar descarga – flush
Descascar – peel
Descendente – descendent
Descongelar – defrost
Desde – since
Desejar / desejo – wish
Desistir – quit
Desodorante – deodorant
Deus – God
Diabetes – diabetes
Diabético/a – diabetic
Diamante – diamond
Dias úteis – working days
Dicionário – dictionary
Diesel – diesel
Diferente – different
Difícil – difficult
Direito (curso) – law
Direto – direct
Discutir – argue
Diversão – entertainment
Diversos/as – several
Divertido/a – fun
Divertir-se – have fun
Dobradinha – tripe
Doce – sweet
Documento – document
Dona de casa – housewife / homemaker
Dono/a – owner
Dormir – sleep

Durante – during
Duro/a – hard
Dúzia – dozen

E

E – and
Editor/a – editor
Edredom – duvet
Educação – education
Ela – she
Ele – he
Ele/a (coisas) – it
Eleição – election
Eles / elas – they
Eletricidade – electricity
Eletricista – electrician
Elétrico/a – electric
Em – in
Embaixada – embassy
Embaixador/a – ambassador
Embaixo – below
Embaralhar (cartas) – shuffle
Empregada doméstica – maid
Empurrar – push
Encanador/a – plumber
Encher – fill
Encontrar – meet
Engenharia – engineering
Engenheiro/a – engineer
Engenheiro/a civil – civil engineer
Engenheiro/a elétrico/a – electrical engineer
Engenheiro/a mecânico/a – mechanical engineer
Engraçado/a – funny
Ensopado – stew
Enteada – stepdaughter
Enteado – stepson
Enterro – funeral
Entre – between

Era (verbo) - was
Errado/a - wrong
Ervilha - pea
Escada - staircase
Escolher - choose
Escorregadio - slippery
Escorregar - slip
Escritor/a - writer
Escuro/a - dark
Esgrima - fencing
Espadas (naipe) - spades
Espaguete - spaghetti
Especial - special
Espeto - spit
Espinafre - spinach
Espinha - pimple
Esponja - sponge
Esposa - wife
Esse/a - that
Esses / essas - those
Estar - be
Este/a - this
Estes/as - these
Estilo - style
Estourar (no motor do carro) - backfire
Estranho/a - strange
Estreito/a - narrow
Estúpido/a - stupid
Etiqueta - label
Eu - I
Evangelho - Gospel
Evitar - avoid / stop
Exemplo - example
Experiência - experience

F

Fã - fan
Fábrica - factory

Fácil – easy
Faixa de pedestre – pedestrian crossing
Família – family
Famoso/a – famous
Farinha – flour
Fazenda – farm
Fazendeiro/a – farmer
Fechadura – lock
Fechar – close
Feio/a – ugly
Feriado – holiday
Ferramenta – tool
Festival – festival
Ficha – token
Fígado – liver
Figo – fig
Fila – line / queue
Filtro – filter
Fino/a – thin
Fiscal – inspector
Fisioterapeuta – physical therapist
Flor – flower
Floricultura – flower shop
Fogão – stove
Fogos de artifício – fireworks
Fogueira – bonfire
Folha de louro – bay leaf
Fora – outside
Formiga – ant
Forno – oven
Fósforo – match
Fralda – diaper / nappy
Framboesa – raspberry
Frasco – bottle
Freira – nun
Fresco/a – fresh
Frigideira – frying pan
Fronha – pillowcase

Fumante – smoker
Fumar – smoke
Funcionar – work
Funcionário/a público/a – civil servant
Fundo – bottom
Futuro – future

G

Gaiola – cage
Galão – gallon
Gancho – hook
Ganhador/a – winner
Ganso – goose
Garrafa térmica – thermos flask
Gás – gas
Gato/a – cat
Gay – gay
Geada – frost
Geladeira – fridge
Geleia – jelly / jam
Gêmeos/as – twins
Gente – people
Gentil – kind
Gibi – comic / comic book
Gim – gin
Gíria – slang
Goiaba – guava
Golfinho – dolphin
Gordo/a – fat
Gordura – fat
Gorduroso/a – fatty
Gorro – beanie /cap
Governador/a – governor
Governo – government
Grama – grass
Grama (peso) – gram
Granizo – hail
Gratuito/a – free

Gravação – recording
Gravar – record
Gravata – tie
Gravura – engraving
Graxa de sapato – shoe polish
Gritar – shout
Grosso/a – thick
Guarda florestal – forester
Guerra – war
Guincho (veículo) – tow truck
Guitarra – guitar

H

Há (existe) – there is
Há (existem) – there are
Hambúrguer – hamburger
Hidratante – moisturizer
Hidromassagem – Jacuzzi
História – story
Histórico/a – historical
Hoje – today
Hoje à noite – tonight
Honesto/a – honest
Horóscopo – horoscope
Hortelã – mint

I

Iate – yacht
Idade – age
Idioma – language
Idiota – idiot
Idoso/a – senior citizen
Igualdade – equality
Imobiliária – real estate agency
Importante – important
Impossível – impossible
Imposto de renda – income tax
Incomodar – disturb

Indústria – industry
Infelizmente – unfortunately
Íngreme – steep
Injusto/a – unfair
Inseto – insect
Insônia – insomnia
Instituto – institute
Instruções – instructions
Instrutor/a – instructor
Inteligente – intelligent
Interior (campo) – countryside
Internacional – international
Iogurte – yogurt
Irmã – sister
Irmão – brother
Isopor (recipiente) – cooler / coolbox
Isqueiro – lighter

J

Já – already
Jaqueta – jacket
Jardim de infância – kindergarten
Jardineiro/a – gardener
Javali – wild boar
Jeans – jeans
Joelho – knee
Jogos Olímpicos – Olympic Games
Jornal – newspaper
Jornalista – journalist
Jovem – young
Judeu / Judia – Jew
Juiz/a – judge
Junto – together
Justo/a – fair

L

Lábio – lip
Ladeira – steep hill

Lado - side
Lagarto - lizard
Lagosta - lobster
Lagostim - cray fish
Lama - mud
Lancha - motorboat
Lanchonete - snack bar / coffee shop
Lanterna - flashlight / torch
Lar - home
Lareira - fireplace
Laticínio - dairy
Lava-louças - dishwasher
Lei - law
Leite - milk
Leite condensado - condensed milk
Leite desnatado - skim milk / skimmed milk
Lenço - handkerchief
Lenço de papel - tissue
Lenha - firewood
Lentes de contato - contact lenses
Lentilha - lentil
Ler - read
Leste - east
Letra - letter
Levar - take
Leve - light
Lhes - them
Lilás - lilac
Limonada - lemonade
Limpar / limpo/a - clean
Língua - tongue
Linguado - sole
Linguiça - sausage
Liquidificador - blender
Listrado/a - striped
Literatura - literature
Litro - liter
Livro - book

Lixeiro/a – garbage collector / refuse collector
Lixo – garbage / rubbish
Logo – soon
Loiro/a – blond
Louco/a – crazy
Lua – moon
Lua de mel – honeymoon
Lula – squid
Lutar / luta – fight
Luxo – luxury

M

Maçã – apple
Macaco – monkey
Macio/a – soft
Maço (de cigarros) – pack (of cigarettes)
Madeira – wood
Madrasta – stepmother
Madrugada – dawn / daybreak
Mãe – mother
Magro/a – thin
Maionese – mayonnaise / mayo
Mais – more
Mal-educado/a – rude
Mamãe – mom / mum
Mamão – papaya
Mancha – stain
Manga (de roupa) – sleeve
Manga (fruta) – mango
Manjericão – basil
Manter – keep
Mão – hand
Máquina de lavar roupa – washing-machine
Maracujá – passion fruit
Marchand – art dealer
Margarina – margarine
Marido – husband
Marinheiro – sailor

Marisco - shellfish
Mármore - marble
Marrom - brown
Martelo - hammer
Mas - but
Massagista - masseur (homem) / masseuse (mulher)
Matemática - mathematics
Mau - bad
Maxilar - jaw
Mecânico/a - mechanic
Meditação - meditation
Meia-calça - pantyhose / tights
Meias (roupa) - socks
Meio ambiente - environment
Mel - honey
Melancia - watermelon
Melão - melon
Melhor - better
Menina - girl
Menino - boy
Menor de idade - minor
Menos - less
Mercearia - grocer's
Mês - month
Mesmo - same
Mesquita - mosque
Metade - half
Metro - meter
Meu/s / minha/s - my
Mexerica - tangerine
Mexilhão - mussel
Micro-ondas - microwave
Mídia - media
Milha - mile
Milho verde - sweetcorn
Mim - me
Mingau de aveia - porridge
Minigolfe - miniature golf

Míope – short-sighted
Missa – Mass
Misturar – mix
Mochila – backpack
Moda – fashion
Moderno/a – modern
Mola – spring
Moletom – sweatshirt
Molho de carne – gravy
Molho de soja – soy sauce
Monastério – monastery
Monge – monk
Monitor – monitor
Morango – strawberry
Morrer – die
Morte – death
Mosca – fly
Mosquito – mosquito
Mostarda – mustard
Mostrar – show
Móveis – furniture
Muçulmano/a – Muslim
Mudar (de casa) – move
Mulher – woman
Multar / multa – fine
Muro – wall
Músculo – muscle

N

Namorada – girlfriend
Namorado – boyfriend
Namorar – date
Nariz – nose
Nascer do sol – sunrise
Natureza – nature
Necessário/a – necessary
Neta – granddaughter
Neto – grandson

Netos - grandchildren
Nevasca - blizzard
Nó - knot
Noite de Natal - Christmas Eve
Noiva - fiancée
Noivado - engagement
Noivo - fiancé
Norte - north
Nós - we
Nosso/a - our
Notícia - news
Noz - nut
Nuca - nape (of the neck)

O

O/os - the
Oceano - ocean
Oceano Atlântico - Atlantic Ocean
Óculos - glasses
Óculos de natação - goggles
Odontologia - dentistry
Oeste - west
Oferecer / oferta - offer
Oficina mecânica - garage
Óleo - oil
Olho - eye
Ombro - shoulder
Omelete - omelette
Onça - jaguar
Ontem - yesterday
Ontem à noite - last night
Ontem à tarde - yesterday afternoon
Operador/a de telemarketing - telemarketing operator
Operário/a - worker
Orelha - ear
Orgânico/a - organic
Órgão - organ
Orvalho - dew

Ostra - oyster
Ou - or
Ouro - gold
Ouros (naipe) - diamonds
Ovo - egg
Ovos mexidos - scrambled eggs

P

Padaria - bakery
Padeiro/a - baker
Padrasto - stepfather
Padre - priest
Página - page
Pai - father
Pais - parents
Palavra - word
Paletó - jacket
Pálido/a - pale
Palmito - hearts of palm
Pálpebra - eyelid
Pano - cloth
Panqueca - pancake
Pão preto - brown bread
Pãozinho - roll
Papagaio - parrot
Papai - dad
Par - pair
Para - for / to
Parafuso - screw
Parecer - seem
Parede - wall
Parente - relative
Particular - private
Partido político - political party
Passado - past
Pássaro - bird
Passear - go for a walk
Passo - step

Pasta (de couro etc.) – briefcase
Pasta de dente – toothpaste
Pastilha para tosse – cough drop
Pato/a – duck
Paus (naipe) – clubs
Paz – peace
Pé / pés – foot / feet
Pedaço – piece
Pedagogia – education
Pedalinho – pedal boat
Pedestre – pedestrian
Pedreiro – bricklayer
Peito – chest
Peito de frango – chicken breast
Peixaria – fishmonger's
Pele – skin
Pênis – penis
Pensão – guesthouse
Pepino – cucumber
Pera – pear
Perdoar – forgive
Perfeito/a – perfect
Pergunta – question
Perguntar – ask
Período – period
Perna – leg
Peru – turkey
Pesado/a – heavy
Pescador – fisherman
Pescar – fish
Pescoço – neck
Pêssego – peach
Pessoa – person
Pessoas – people
Piada – joke
Pijama – pajamas
Pilha – battery
Pimentão – pepper

Pior - worse
Pipoca - popcorn
Pirulito - lollipop
Pizza - pizza
Placa - sign
Planeta - planet
Planeta Terra - Planet Earth
Plugue - plug
Pobre - poor
Pobreza - poverty
Poder (verbo) - can
Poesia - poetry
Polegada - inch
Polegar - thumb
Político/a - politician
Poltrona - armchair
Poluição - pollution
Polvo - octopus
Pombo - pigeon
Ponto de encontro - meeting point
Popular - popular
Pôr do sol - sunset
Porão - cellar / basement
Porcentagem - percentage
Porco (animal) - pig
Porco (carne) - pork
Porque (em respostas) - because
Prata - silver
Prateleira - shelf
Prece - prayer
Precisar - need / must / have to
Prefeito/a - mayor
Preocupado/a - worried
Presidente - president
Presunto - ham
Preto/a - black
Primeiro/a - first
Primeiro-ministro / primeira-ministra - prime minister

Primo/a - cousin
Principal - main
Procissão - procession
Procurar - look for
Produção - production
Produtor - producer
Produzir - produce
Professor/a - teacher
Profundo - deep
Programa - program
Programador/a de computador - computer programmer
Pronunciar - pronounce
Prostituto/a - prostitute
Protestante - Protestant
Próximo/a - next
Psicólogo/a - psychologist
Pular - jump
Pulga - flea
Pulmões - lungs
Pulseira - bracelet
Pulso - wrist
Purê de batata - mashed potatoes
Púrpura - purple
Puxar - pull

Q

Quadrado - square
Quadril - hip
Quadro - painting
Qualidade - quality
Qualificação - qualification
Qualquer - any
Quartel - barracks
Quase - almost
Queijo - cheese
Queijo parmesão - Parmesan cheese
Queixo - chin
Querido/a - dear

Quilo - kilo
Quintal - backyard
Quitanda - greengrocer's

R

Rabo - tail
Rainha - queen
Raios ultravioletas - ultra-violet rays
Raiz - root
Ralador - grater
Rapaz - boy
Raquete - racket
Raro/a - rare
Rato - rat
Receita (culinária) - recipe
Recheado/a - stuffed
Reciclar - recycle
Reclamação - complaint
Recorde - record
Recusar - refuse
Rede - hammock
Redondo/a - round
Reembolso - refund
Refeição - meal
Refugiado/a - refugee
Regime - diet
Registro (válvula) - stopcock
Regra - rule
Régua - ruler
Rei - king
Relacionamento - relationship
Relaxar - relax
Religião - religion
Relógio - clock
Relógio (de pulso) - watch
Renda - lace
Repelente de insetos - insect repellent
Repolho - cabbage

Responder / resposta - answer
Ressaca - hangover
Resto - rest
Revista - magazine
Rezar - pray
Rico/a - rich
Rim - kidney
Ritmo - rhythm
Rir - laugh
Risco - risk
Rocha - rock
Rolo - roll
Romance (livro) - novel
Romântico/a - romantic
Rosa - rose
Rosto - face
Rotatória - traffic circle / roundabout
Rótulo - label
Roupão - bathrobe / dressing gown
Roxo - purple
Rúcula - rocket
Ruim - bad
Ruina - ruin
Rum - rum

S

Sabão em pó - washing powder
Sabonete - soap
Sabor - flavor
Saca-rolhas - corkscrew
Saco de dormir - sleeping bag
Saco plástico - plastic bag
Saia - skirt
Sala de estar - living room
Sala de jantar - dining-room
Salada de frutas - fruit salad
Salmão - salmon
Salsão - celery

Salsicha - sausage
Salsinha - parsley
Salto (de sapato) - heel
Salto alto - high heels
Santo/a - Saint
Sapo - toad
Sarampo - measles
Sardinha - sardine
Se - if
Século - century
Segundo/a - second
Seguro-saúde - health insurance
Seio - breast
Sela - saddle
Semáforo - traffic lights
Semana passada - last week
Semana que vem - next week
Sempre - always
Ser - be
Sexta-feira Santa - Good Friday
Sidra - cider
Silêncio - silence
Silêncioso/a - silent / quiet
Simpático/a - nice
Simples - simple
Sinagoga - synagogue
Sino - bell
Siri - crab
Só - just
Sob - under
Sobre - on
Sobrinha - niece
Sobrinho - nephew
Sofá - sofa
Sofrer - suffer
Sogra - mother-in-law
Sogro - father-in-law
Sol - sun

Soldado/a – soldier
Somente – only
Sonho – dream
Sorrir / sorriso – smile
Sorvete – ice cream
Sotão – attic
Sozinho/a – alone
Suar / suor – sweat
Suéter – sweater
Suficiente – enough
Sugerir – suggest
Sujo/a – dirty
Sul – south
Surdo/a – deaf
Surpresa – surprise
Sutiã – bra

T

Talheres – silverware / cutlery
Também – also / too
Tangerina – tangerine
Tapete – carpet
Tarde – late
Tartaruga – turtle
Teclado – keyboard
Técnica – technique
Técnico/a – technician
Tela (cinema, TV) – screen
Telhado – roof
Templo – temple
Têmpora – temple
Temporal – thunderstorm
Tendão – tendon
Tênis (sapatos) – sneakers / trainers
Tentar – try
Ter – have
Terceiro/a – third
Terminar / término – end / finish

Terno – suit
Terraço – terrace
Térreo – first floor / ground floor
Testa – forehead
Teto – ceiling
Tia – aunt
Tímido/a – shy / timid
Tinta – ink
Tio – uncle
Tocar – touch
Todo – every
Toldo – sunshade
Tomada – socket
Tomate – tomato
Tórax – chest
Tornozelo – ankle
Torrada – toast
Torradeira – toaster
Torta – pie
Touro – bull
Trabalhador/a – worker
Tradição – tradition
Traduzir – translate
Trancar – lock
Tranquilo/a – quiet
Traseiro – buttocks / bottom
Trator – tractor
Trazer – bring
Tribunal – court
Tricotar – knit
Trigo – wheat
Trilha – trail
Trimestre – quarter
Triste – sad
Trocar – change
Truta – trout
Tubarão – shark
Tubo – tube

Tudo – everything
Tumor – tumour
Túnel – tunnel

U

Úlcera – ulcer
Último/a – last
Ultrapassar – overtake
Ultrassom – ultrasound
Um/a – a / an
Unha – fingernail
Uniforme – uniform
Universo – universe
Urubu – vulture
Usar – use
Útil – useful
Uva – grape
Uva-passa – raisin

V

Vaca – cow
Vagem – green bean
Vagina – vagina
Válido/a – valid
Valor – value
Vaso – vase
Vazar / vazamento – leak
Vazio/a – empty
Veia – vein
Veículo – vehicle
Vela – candle
Velho/a – old
Vendas – sales
Veneno – poison
Venenoso/a – poisonous
Verde – green
Verificar – check
Vermelho/a – red

Vespa - wasp
Véspera de Ano Novo - New Year's Eve
Véspera de Natal - Christmas Eve
Vestido - dress
Veterinário/a - veterinarian / vet
Vez - time
Viaduto - overpass / flyover
Vida - life
Vidro - glass
Vigia - watchman
Violão - guitar
Violino - violin
Virar - turn
Vitamina - vitamin
Vitamina (bebida) - smoothie
Vitela - veal
Viver - live
Vodca - vodka
Votar - vote
Voz - voice

X

Xadrez (jogo) - chess
Xadrez (tecido) - checked
Xale - shawl

Z

Zangado/a - angry
Zelador - concierge / janitor
Zíper - zipper
Zona rural - countryside

Minidicionário inglês-português

Todas as 1.200 palavras no minidicionário são palavras extras, que não constam nas outras partes do livro. Se você não achar a palavra que procura aqui, verifique também na seção referente ao assunto no livro.

A

A / an – **um/a**
Abortion – **aborto**
Above – **acima**
Accountant – **contador/a**
Adaptor – **adaptador**
Adult – **adulto/a**
Advertisement – **anúncio**
Advice – **conselho**
After – **depois**
Against – **contra**
Age – **idade**
Agree – **concordar**
All-you-can-eat (barbecue) – **rodízio (de carne)**
Almost – **quase**
Alone – **sozinho/a**

Already – já
Also / too – também
Altar – altar
Always – sempre
Ambassador – embaixador/a
And – e
Angry – zangado/a
Animal – animal
Ankle – tornozelo
Answer – responder / resposta
Ant – formiga
Any – qualquer
Apartment – apartamento
Apple – maçã
Apricot – damasco
Architect – arquiteto/a
Architecture – arquitetura
Argue – discutir
Arm – braço
Armchair – poltrona
Art dealer – marchand
Artery – artéria
Ashtray – cinzeiro
Ask – perguntar
Aspirin – aspirina
Atlantic Ocean – Oceano Atlântico
Atmosphere – atmosfera
Attic – sotão
Aubergine – beringela
Aunt – tia
Avocado – abacate
Avoid – evitar

B

Baby – bebê
Babysitter – babá
Backfire (car) – estourar
Backpack – mochila

Backpacker - mochileiro/a
Backyard - quintal
Bacon - bacon
Bad - mau
Bad - ruim
Baker - padeiro/a
Bakery - padaria
Ballet - balé
Banana - banana
Bank clerk - bancário/a
Baptism - batismo
Barbecue - churrasco
Barracks - quartel
Basement - porão
Basil - manjericão
Basket - cesta
Bathrobe - roupão
Battery - pilha
Bay - baía
Bay leaf - folha de louro
Be - ser / estar
Beanie - gorro
Beautiful - bonito/a / belo/a
Because - porque
Bee - abelha
Beef - carne bovina
Beet / beetroot - beterraba
Before - antes
Behind - atrás
Beige - bege
Bell (church) - sino
Bell (door) - campainha
Below - abaixo / embaixo
Belt - cinto
Bend - curva
Bet - apostar / aposta
Better - melhor
Between - entre

Bible – bíblia
Bikini – biquini
Binoculars – binóculo
Bird – pássaro
Birth certificate – certidão de nascimento
Biscuit – biscoito
Bite – morder / mordida
Bitter – amargo/a
Black – preto/a
Blackberry – amora
Bladder – bexiga
Blender – liquidificador
Blind – cego
Blister – bolha
Blizzard – nevasca
Blond – loiro/a
Blouse – blusa
Blue – azul
Body – corpo
Bonfire – fogueira
Book – livro
Boot – bota
Boring – chato/a
Boss – chefe
Both – ambos/as
Bottle – frasco
Bottle opener – abridor de garrafa
Bottom (deepest part) – fundo
Bottom (part of the body) – traseiro
Bowl – tigela
Bowling – boliche
Boy – menino / rapaz
Boyfriend – namorado
Bra – sutiã
Bracelet – pulseira
Brain – cérebro
Brazil nut – castanha-do-pará
Bread – pão

Breast – seio
Breeze – brisa
Bricklayer – pedreiro
Briefcase – pasta
Bring – trazer
British – britânico/a
Broccoli – brócolis
Bronchitis – bronquite
Brother – irmão
Brown – marrom
Brown (hair, eyes) – castanho/a
Brown bread – pão preto
Bruise – contusão
Bucket – balde
Buddhist – Budista
Bug (insect) – bicho
Bulb / light bulb – lâmpada
Bull – touro
But – mas
Butcher's – açougue
Butter – manteiga
Butterfly – borboleta
Buttocks – traseiro
Button – botão

C

Cabbage – repolho
Cage – gaiola
Cake – bolo
Cake shop – confeitaria
Calculator – calculadora
Calendar – calendário
Camera – câmera fotográfica
Campground / campsite – camping
Can (verb) – poder
Can opener – abridor de lata
Cancer – câncer
Candle – vela

Candy – bala
Candy store – confeitaria
Canoe – canoa
Caper – alcaparra
Carpenter – carpinteiro/a
Carpet – carpete
Carriage – vagão
Carrot – cenoura
Carry – carregar
Cashew – castanha-de-caju
Casino – cassino
Cat – gato/a
Catholic – católico/a
Cauliflower – couve-flor
Ceiling – teto
Celebration – comemoração
Celery – salsão
Cellar – porão
Century – século
Ceramics – cerâmica
Cereal – cereal
Chain – corrente
Change – trocar
Charcoal – carvão
Chat – bater papo / bate-papo
Check – verificar
Checked (pattern) – xadrez
Cheek – bochecha
Cheese – queijo
Cherry – cereja
Chess – xadrez
Chest – peito
Chest – tórax
Chewing gum – chiclete
Chicken breast – peito de frango
Chicken broth – caldo de galinha
Chicken pox – catapora
Child – criança

Chin - queixo
Chocolate - chocolate
Chocolate / sweet - bombom
Choose - escolher
Christ - Cristo
Christian - cristão
Christmas Eve - Véspera de Natal / Noite de Natal
Cider - sidra
Cigar - charuto
Cigarette - cigarro
City hall - prefeitura
Civil engineer - engenheiro/a civil
Civil servant - funcionário/a público/a
Clean - limpar / limpo/a
Clock - relógio
Close - fechar
Cloth - pano
Clubs (cards) - paus
Coat - casaco
Cockroach - barata
Cocoa - cacau
Cod - bacalhau
Coffee shop - lanchonete
Colleague - colega
Collision - colisão
Colorful - colorido/a
Comfortable - confortável
Comic / comic book - gibi
Common - comum
Communicate - comunicar
Communication - comunicação
Communion - Comunhão
Companion - companheiro/a
Complaint - reclamação
Complicated - complicado/a
Computer programmer - programador/a de computador
Concierge - zelador
Condensed milk - leite condensado

Condition – condição
Condom – camisinha
Confectioner – confeiteiro/a
Confectionery – confeitaria
Confusion – bagunça
Conservative – conservador/a
Constipation – prisão de ventre
Contact lenses – lentes de contato
Cookie – biscoito
Cooler / coolbox – isopor
Corkscrew – saca-rolhas
Corrupt – corrupto/a
Cough drop – pastilha para tosse
Countryside – interior / zona rural
Courgette – abobrinha
Course – curso
Court – tribunal
Cousin – primo/a
Cover charge – couvert artístico
Cow – vaca
Crab – caranguejo / siri
Cray fish – lagostim
Crazy – louco/a
Cream – creme de leite
Crèche – creche
Cross – atravessar
Cross (symbol) – cruz
Cucumber – pepino
Cutlery – talheres
Cycle track – ciclovia

D

Dad – papai
Dairy – laticínio
Damage – danificar
Dandruff – caspa
Dark – escuro/a
Date (go out with) – namorar

Dawn / daybreak - madrugada
Dead - morto/a
Deaf - surdo/a
Dear - querido/a
Death - morte
Decide - decidir
Deck - convés
Deep - profundo
Defrost - descongelar
Delicious - delicioso/a
Delivery - entrega
Democracy - democracia
Dentistry - odontologia
Deodorant - desodorante
Depression - depressão
Descendent - descendente
Dew - orvalho
Diabetes - diabetes
Diabetic - diabético/a
Diamond - diamante
Diamonds (cards) - ouros
Diaper - fralda
Dictionary - dicionário
Die - morrer
Diesel - diesel
Diet - regime
Different - diferente
Difficult - difícil
Dining-room - sala de jantar
Direct - direto
Dirty - sujo/a
Dishwasher - lava-louças
Disturb - incomodar
Document - documento
Dog - cachorro
Dolphin - golfinho
Dozen - dúzia
Dream - sonho

Dress – vestido
Dressing gown – roupão
Dressmaker – costureira
Drop – gota
Drunk – bêbado/a
Duck – pato/a
Dummy – chupeta
During – durante
Duvet – edredom

E

Each – cada
Ear – orelha
Early – cedo
Earring – brinco
East – leste
Easy – fácil
Editor – editor/a
Education – educação
Education (subject of study) – pedagogia
Egg – ovo
Egg plant – beringela
Elbow – cotovelo
Election – eleição
Electric – elétrico/a
Electrical engineer – engenheiro/a elétrico/a
Electrician – eletricista
Electricity – eletricidade
Embassy – embaixada
Employee – funcionário/a
Empty – vazio/a
End – acabar / terminar / término
Engagement – noivado
Engineer – engenheiro/a
Engineering – engenharia
Engraving – gravura
Enough – suficiente
Entertainment – diversão

Environment – meio ambiente
Equality – igualdade
Every – todo
Everything – tudo
Example – exemplo
Experience – experiência
Expiration date – data de validade
Eye – olho
Eye drops – colírio
Eyelid – pálpebra

F

Face – rosto
Factory – fábrica
Fair – justo/a
Fall – cair
Family – família
Famous – famoso/a
Fan – fã
Farm – fazenda
Farmer – fazendeiro/a
Fashion – moda
Fat – gordo/a
Fat (substance) – gordura
Father – pai
Father-in-law – sogro
Fatty – gorduroso/a
Fencing – esgrima
Festival – festival
Fiancé – noivo
Fiancée – noiva
Fig – figo
Fight – lutar / luta
Fill – encher
Filter – filtro
Fine (money) – multar / multa
Finger – dedo
Fingernail – unha

Finish – acabar / terminar / término
Fireplace – lareira
Firewood – lenha
Fireworks – fogos de artifício
First – primeiro/a
First floor – térreo
Fish – pescar
Fisherman – pescador
Fishmonger's – peixaria
Fix – consertar
Flag – bandeira
Flashlight – lanterna
Flat – apartamento
Flavor – sabor
Flea – pulga
Flip-flops – chinelos
Floor – chão
Flour – farinha
Flower – flor
Flower shop – floricultura
Flush – descarga / dar descarga
Fly – mosca
Flyover – viaduto
Food court – praça de alimentação
Foot – pé
For – para
Forehead – testa
Forester – guarda florestal
Forgive – perdoar
Free – gratuito/a
Freeze – congelar
Fresh – fresco/a
Fridge – geladeira
Friend – amigo/a
Frost – geada
Frozen – congelado/a
Fruit salad – salada de frutas
Frying pan – frigideira

Full - cheio/a
Fun - divertido/a
Funeral - enterro
Funny - engraçado/a
Furniture - móveis
Future - futuro

G

Gallon - galão
Garage - oficina mecânica
Garbage - lixo
Garbage collector - lixeiro/a
Gardener - jardineiro/a
Gargle - gargarejo
Garlic - alho
Gas - gás
Gay - gay
Gin - gim
Girl - menina
Girlfriend - namorada
Glad - contente
Glass - vidro
Glasses - óculos
Go for a walk - passear
Goat - bode
God - Deus
Goggles - óculos de natação
Gold - ouro
Good Friday - Sexta-feira Santa
Goose - ganso
Gospel - Evangelho
Government - governo
Governor - governador/a
Gram - grama
Grandchildren - netos
Granddaughter - neta
Grandfather - avô
Grandmother - avó

Grandparents – avós
Grandson – neto
Grape – uva
Grass – grama
Grater – ralador
Grave – túmulo
Gravy – molho de carne
Gray – cinza
Green – verde
Green bean – vagem
Greengrocer's – quitanda
Grocer's – mercearia
Ground beef – carne moída
Ground floor – térreo
Grow – crescer
Guava – goiaba
Guess – adivinhar
Guest – convidado/a
Guesthouse – pensão
Guitar (acoustic) – violão
Guitar (electric) – guitarra
Gum – chiclete

H

Hail – granizo
Half – metade
Ham – presunto
Hamburger – hambúrguer
Hammer – martelo
Hammock – rede
Hand – mão
Handbag – bolsa
Handcuffs – algemas
Handkerchief – lenço
Hangover – ressaca
Happen – acontecer
Hard – duro/a
Have – ter

Have fun – divertir-se
Have to – precisar
He – ele
Health insurance – seguro-saúde
Hearts (cards) – copas
Hearts of palm – palmito
Heavy – pesado/a
Heel – calcanhar
Heel – salto
Helmet – capacete
Hers – ela
High heels – salto alto
Hip – quadril
His – dele
Historical – histórico/a
Holiday (public etc.) – feriado
Holidays – férias
Home – lar
Honest – honesto/a
Honey – mel
Honeymoon – lua de mel
Hook – gancho
Horoscope – horóscopo
Horse – cavalo
Hostel – albergue
House – casa
Housewife / homemaker – dona de casa
Hug – abraçar / abraço
Human resources – recursos humanos
Humming bird – beija-flor
Hunting – caça
Husband – marido

I

I – eu
Ice cream – sorvete
Idiot – idiota
If – se

Important – importante
Impossible – impossível
In – em
Inch – polegada
Income tax – imposto de renda
Industry – indústria
Ink – tinta
Insect – inseto
Insect repellent – repelente de insetos
Inside – dentro
Insomnia – insônia
Inspector – fiscal
Institute – instituto
Instructions – instruções
Instructor – instrutor/a
Intelligent – inteligente
International – internacional
Interview – entrevista
Invitation – convite
Invite – convidar
It – ele/a
Its – dele/a

J

Jacket – jaqueta / paletó
Jacuzzi – hidromassagem
Jaguar – onça
Jam – geleia
Janitor – zelador
Jaw – maxilar
Jeans – jeans
Jelly – geleia
Jellyfish – água-viva
Jew – Judeu / Judia
Joke – bricadeira
Joke (funny story) – piada
Journalist – jornalista
Judge – juiz/a

Jug – jarra
Jump – pular
Just – só

K

Kale – couve
Keep – manter
Keyboard – teclado
Kid – criança
Kidney – rim
Kilo – quilo
Kind – gentil
Kindergarten – jardim de infância
King – rei
Kiss – beijar / beijo
Knee – joelho
Knit – tricotar
Knot – nó

L

Label (on bottle etc.) – rótulo
Label (on clothes etc.) – etiqueta
Lace – renda
Lady – dama
Lamb – cordeiro
Language – idioma
Last – último/a
Last night – ontem à noite
Last week – semana passada
Late – tarde
Laugh – rir
Law – lei
Law (course) – direito
Lawyer – advogado/a
Leak – vazar / vazamento
Learn – aprender
Leather – couro
Leg – perna

Lemonade – limonada
Lentil – lentilha
Less – menos
Lesson – aula
Letter (alphabet) – letra
Lettuce – alface
Librarian – bibliotecário/a
Library – biblioteca
Lie down – deitar
Life – vida
Lift (in a car) – carona
Light – leve
Lighter – isqueiro
Lilac – lilás
Line (of people) – fila
Lip – lábio
Liter – litro
Literature – literatura
Live – viver
Liver – fígado
Living room – sala de estar
Lizard – lagarto
Lobster – lagosta
Lock – cadeado / fechadura
Lock (verb) – trancar
Lollipop – pirulito
Look for – procurar
Lorry – caminhão
Loud – alto
Love – amar / amor
Lungs – pulmões
Luxury – luxo

M

Magazine – revista
Maid – empregada doméstica
Main – principal
Mango – manga

Marble – mármore
Margarine – margarina
Marriage – casamento
Marry – casar
Martial arts – artes marciais
Mashed potatoes – purê de batata
Mass – missa
Masseur / masseuse – massagista
Match – fósforo
Mathematics – matemática
Mayonnaise / mayo – maionese
Mayor – prefeito/a
Me – mim
Meal – refeição
Measles – sarampo
Meatball – almôndega
Mechanic – mecânico/a
Mechanical engineer – engenheiro/a mecânico/a
Media – mídia
Meditation – meditação
Meet – encontrar
Meeting point – ponto de encontro
Melon – melão
Memory card – cartão de memória
Mess – bagunça
Meter – metro
Microwave – micro-ondas
Migraine – enxaqueca
Mile – milha
Milk – leite
Minced meat – carne moída
Miniature golf – minigolfe
Minor (underage) – menor de idade
Mint – hortelã
Mix – misturar
Modern – moderno/a
Moisturizer – hidratante
Mom / mum – mamãe

Monastery – monastério
Monitor – monitor
Monk – monge
Monkey – macaco
Month – mês
Moon – lua
More – mais
Mosque – mesquita
Mosquito – mosquito
Mother – mãe
Mother-in-law – sogra
Motorboat – lancha
Mouse – camundongo
Move (house) – mudar
Mud – lama
Mug – caneca
Mumps – caxumba
Muscle – músculo
Mushroom – cogumelo
Muslim – muçulmano/a
Mussel – mexilhão
Must – precisar
Mustard – mostarda
My – meu/s / minha/as

N

Nape (of the neck) – nuca
Nappy – fralda
Narrow – estreito/a
Nature – natureza
Navy-blue – azul-marinho
Necessary – necessário/a
Neck – pescoço
Necklace – colar
Need – precisar
Needle – agulha
Nephew – sobrinho
Nerve – nervo

New Year's Eve – Véspera de Ano Novo
News – notícia
Newspaper – jornal
Newsstand – banca de jornal
Next – próximo/a
Next week – semana que vem
Nice – simpático/a
Nickname – apelido
Niece – sobrinha
Noise – barulho
Noisy – barulhento/a
North – norte
Nose – nariz
Notebook – caderno
Notice – aviso
Novel – romance
Now – agora
Nun – freira
Nut – noz

O

Ocean – oceano
Octopus – polvo
Of – de
Offer – oferecer / oferta
Oil – óleo
Old – velho/a
Olive – azeitona
Olympic Games – Jogos Olímpicos
Omelette – omelete
On – sobre
Onion – cebola
Only – somente
Open – abrir / aberto/a
Or – ou
Organ – órgão
Organic – orgânico/a
Our – nosso/a

Outside – fora
Oven – forno
Overpass – viaduto
Overtake – ultrapassar
Owner – dono/a
Oyster – ostra

P

Pacifier – chupeta
Pack (of cigarettes) – maço (de cigarros)
Pack of cards – baralho
Padlock – cadeado
Page – página
Painting – quadro
Pair – par
Pajamas – pijama
Pale – pálido/a
Pancake – panqueca
Panties – calcinha
Pants – calças
Pantyhose – meia-calça
Papaya – mamão
Parents – pais
Parmesan cheese – queijo parmesão
Parrot – papagaio
Parsley – salsinha
Passion fruit – maracujá
Past – passado
Pavement – calçada
Pea – ervilha
Peace – paz
Peach – pêssego
Peanut – amendoim
Pear – pera
Pedal boat – pedalinho
Pedestrian – pedestre
Pedestrian crossing – faixa de pedestre
Peel – descascar

Penis - pênis
Penknife - canivete
Pensioner - aposentado/a
People - pessoas / gente
Pepper - pimentão
Percentage - porcentagem
Perfect - perfeito/a
Period - período
Person - pessoa
Person with disabilites / disabled person - deficiente
Pet - animal de estimação
Physical therapist - fisioterapeuta
Pie - torta
Piece - pedaço
Pig - porco
Pigeon - pombo
Pillowcase - fronha
Pimple - espinha
Pineapple - abacaxi
Pink - cor-de-rosa
Pipe - cano
Pizza - pizza
Planet - planeta
Planet Earth - Planeta Terra
Plastic bag - saco plástico
Plug - plugue
Plum - ameixa
Plumber - encanador/a
Pocket - bolso
Poetry - poesia
Point - apontar
Poison - veneno
Poisonous - venenoso/a
Political party - partido político
Politician - político/a
Pollution - poluição
Poor - pobre
Popcorn - pipoca

Popular – popular
Pork – carne de porco
Porridge – mingau de aveia
Poster – cartaz
Pottery – cerâmica
Poverty – pobreza
Pray – rezar
Prayer – prece
President – presidente
Priest – padre
Prime minister – primeiro-ministro / primeira-ministra
Prison – prisão
Private – particular
Procession – procissão
Produce – produzir
Producer – produtor
Production – produção
Profit – lucro
Program – programa
Pronounce – pronunciar
Prostitute – prostituto/a
Protestant – protestante
Psychologist – psicólogo/a
Pull – puxar
Pumpkin – abóbora
Purple – púrpura
Purple – roxo
Push – empurrar

Q

Quail – codorna
Qualification – qualificação
Quality – qualidade
Quarter (three months) – trimestre
Queen – rainha
Question – pergunta
Queue – fila
Quickly – depressa

Quiet - tranquilo/a / silêncioso/a
Quit - desistir

R

Rabbit - coelho
Racket - raquete
Raisin - uva-passa
Rare - raro/a
Raspberry - framboesa
Rat - rato
Razor blade - lâmina de barbear
Read - ler
Real estate agency - imobiliária
Real estate agent - corretor/a de imóveis
Recipe - receita
Record (best achievement) - recorde
Record (music etc.) - gravar
Recording - gravação
Recycle - reciclar
Red - vermelho/a
Refugee - refugiado/a
Refund - reembolso
Refuse - recusar
Refuse collector - lixeiro/a
Region - região
Relationship - relacionamento
Relative - parente
Relax - relaxar
Religion - religião
Repair - consertar / conserto
Rest - resto
Rest (relax) - descansar / descanso
Result - resultado
Retire - aposentar
Retired - aposentado/a
Retiree - aposentado/a
Rhythm - ritmo
Rib - costela

Rich – rico/a
Ride (in a car) – carona
Ring – anel
Risk – risco
Rissole – croquete
Rock – rocha
Rocket – rúcula
Roll – rolo
Roll (bread) – pãozinho
Romantic – romântico/a
Roof – telhado
Root – raiz
Rose – rosa
Round – redondo/a
Roundabout (traffic) – rotatória
Rubbish – lixo
Rude – mal-educado/a
Ruin – ruina
Rule – regra
Ruler – régua
Rum – rum

S

Sad – triste
Saddle – sela
Sailor – marinheiro
Saint – santo/a
Sales – vendas
Salmon – salmão
Same – mesmo
Sardine – sardinha
Sarong – canga
Satellite dish – antena parabólica
Sausage – linguiça / salsicha
Scarf – cachecol
Science – ciências
Scientist – cientista
Scrambled eggs – ovos mexidos

Screen – tela
Screw – parafuso
Screwdriver – chave de fenda
Seaside – beira-mar
Second – segundo/a
Seem – parecer
Sell-by date – data de validade
Senior citizen – idoso/a
Several – diversos/as
Sew – costurar
Shark – tubarão
Shave – fazer a barba
Shawl – xale
She – ela
Shelf – prateleira
Shell – concha
Shellfish – marisco
Shirt – camisa
Shoe polish – graxa de sapato
Short (height) – baixo/a
Short-sighted – míope
Shoulder – ombro
Shout – gritar
Show – mostrar
Shuffle (cards) – embaralhar
Shy / timid – tímido/a
Side – lado
Sidewalk – calçada
Sign (board with information) – placa
Silence – silêncio
Silent – silêncioso/a
Silver – prata
Silverware – talheres
Simple – simples
Since – desde
Sing – cantar
Sister – irmã
Skim milk / skimmed milk – leite desnatado

Skin – pele
Skirt – saia
Skull – crânio
Sky – céu
Slang – gíria
Sleep – dormir
Sleeping bag – saco de dormir
Sleeve – manga
Slice – fatiar / fatia
Slip – escorregar
Slippery – escorregadio
Slow – devagar
Smell – cheirar / cheiro
Smile – sorrir / sorriso
Smoke – fumar
Smoked – defumado
Smoker – fumante
Smoothie – vitamina
Snack bar – lanchonete
Sneakers – tênis
Snooker – sinuca
So – assim
Soap – sabonete
Social worker – assistente social
Socket – tomada
Socks – meias
Sofa – sofá
Soft – macio/a
Soldier – soldado/a
Sole (fish) – linguado
Somebody – alguém
Something – algo
Sometimes – às vezes
Song – canção
Soon – logo
Sour – azedo
South – sul
Soy sauce – molho de soja

Spades (cards) – espadas
Spaghetti – espaguete
Special – especial
Specialist – especialista
Spice – condimento
Spider – aranha
Spinach – espinafre
Spine – coluna vertebral
Spit (for meat) – espeto
Sponge – esponja
Spring (metal coil) – mola
Square – quadrado
Squid – lula
Stain – mancha
Staircase – escada
Steep – íngreme
Steep hill – ladeira
Step – passo
Stepdaughter – enteada
Stepfather – padrasto
Stepmother – madrasta
Stepson – enteado
Stew – ensopado
Still (adverb) – ainda
Stopcock – registro
Story – história
Stove – fogão
Strange – estranho/a
Strawberry – morango
Striped – listrado/a
Stroke (medical) – derrame
Stroller – carrinho de bebê
Stuffed – recheado/a
Stupid – estúpido/a
Style – estilo
Suffer – sofrer
Suggest – sugerir
Suit – terno

Sun – sol
Sunrise – nascer do sol
Sunset – pôr do sol
Sunshade – toldo
Surprise – surpresa
Sweat – suar / suor
Sweater – suéter
Sweatshirt – moletom
Sweet – bala
Sweet (adjective) – doce
Sweetcorn – milho verde
Synagogue – sinagoga
Systems analyst – analista de sistemas

T

Tail – rabo
Take – levar
Tall – alto/a
Tangerine – tangerina / mexerica
Teacher – professor/a
Technician – técnico/a
Technique – técnica
Telemarketing operator – operador/a de telemarketing
Temple (building) – templo
Temple (on the head) – têmpora
Tendon – tendão
Tent – barraca
Terrace – terraço
That – esse/a
The – o/s / a/s
The day after tomorrow – depois de amanhã
The day before yesterday – anteontem
Theirs – deles/as
Them – lhes
There – aí / ali / lá
There is / there are – há
Thermos flask – garrafa térmica
These – estes/as

They – eles/as
Thick – grosso/a
Thigh – coxa
Thin – fino/a
Thin (person) – magro/a
Third – terceiro/a
This – este/a
Thongs – chinelos
Those – esses/as
Through – através
Thumb – polegar
Thunderstorm – temporal
Tie – gravata
Tights – meia-calça
Till / until – até
Time (occasion) – vez
Tired – cansado/a
Tissue – lenço de papel
To – para
Toad – sapo
Toast – torrada
Toaster – torradeira
Today – hoje
Toe – dedo do pé
Together – junto
Token – ficha
Tomato – tomate
Tomorrow – amanhã
Tongue – língua
Tonight – hoje à noite
Too much – demais
Tool – ferramenta
Toothpaste – pasta de dente
Torch – lanterna
Touch – tocar
Tow – rebocar
Tow truck – guincho
Town hall – prefeitura

Tractor - trator
Tradition - tradição
Traffic circle - rotatória
Traffic lights - semáforo
Trail - trilha
Trainers (shoes) - tênis
Translate - traduzir
Tray - bandeja
Tree - árvore
Tripe - dobradinha
Trousers - calças
Trout - truta
Truck - caminhão
Try - tentar
T-shirt - camiseta
Tube - tubo
Tumour - tumor
Tuna - atum
Tunnel - túnel
Turkey - peru
Turn - virar
Turtle - tartaruga
Twins - gêmeos/as

U

Ugly - feio/a
Ulcer - úlcera
Ultrasound - ultrassom
Ultra-violet rays - raios ultravioletas
Uncle - tio
Uncool - chato/a
Under - sob
Underpants - cueca
Unfair - injusto/a
Unfortunately - infelizmente
Uniform - uniforme
Universe - universo
Until - até

Use – usar
Useful – útil

V

Vacation – férias
Vagina – vagina
Valid – válido/a
Value – valor
Vanilla – baunilha
Vase – vaso
Veal – vitela
Vehicle – veículo
Vein – veia
Veterinarian / vet – veterinário/a
Violin – violino
Vitamin – vitamina
Vodka – vodca
Voice – voz
Vote – votar
Vulture – urubu

W

Waist – cintura
Walk – andar / caminhar
Wall – muro / parede
Wallet – carteira
War – guerra
Was – era
Washing powder – sabão em pó
Washing-machine – máquina de lavar roupa
Wasp – vespa
Watch – relógio
Watchman – vigia
Watermelon – melancia
We – nós
Weak – fraco/a
Wedding – casamento
West – oeste

Wet – molhado/a
Whale – baleia
Wheat – trigo
White – branco/a
Widow – viúva
Widower – viúvo
Wife – esposa
Wig – peruca
Wild boar – javali
Winner – ganhador/a
Wish – desejar / desejo
With – com
Woman – mulher
Wood – madeira
Word – palavra
Work (operate well) – funcionar
Worker – operário/a
Worker – trabalhador/a
Working days – dias úteis
World Cup – Copa do Mundo
Worried – preocupado/a
Worse – pior
Wrist – pulso
Writer – escritor/a
Wrong – errado/a

X

Yacht – iate
Yellow – amarelo/a
Yesterday – ontem
Yesterday afternoon – ontem à tarde
Yogurt – iogurte
Young – jovem

Z

Zipper – zíper
Zucchini – abobrinha

Sobre o autor

Jack Scholes nasceu na Inglaterra e formou-se em alemão e russo pela Universidade de Liverpool, com pós-graduação em Educação e Ensino de Inglês como Língua Estrangeira na Universidade de Londres. Formou-se também Master Practitioner em Programação Neurolinguística com o Dr. Richard Bandler, cocriador dessa ciência.

Possui mais de 40 anos de experiência profissional na área de ensino de inglês para estrangeiros em vários países ao redor do mundo, como Inglaterra, Alemanha, Nepal, Austrália, Hong Kong, Taiwan, Uruguai, Chile, Argentina, e no Brasil, onde é também um renomado palestrante. Além de artigos publicados em revistas nacionais e internacionais, Jack é autor dos livros *Guitar Glory* (Saraiva), *Inglês para Curiosos* (Papier), *OK! Curiosidades divertidas do inglês* (Campus), *Slang – Gírias Atuais do Inglês* (Disal Editora), *Modern Slang* (Disal Editora), *Slang Activity Book* (Disal Editora), *Gems of Wisdom* (Disal Editora), *Break the Branch? – Quebrar o Galho* (Disal Editora) e *The Coconut Seller* (Helbling Languages).

Este livro foi composto nas fontes Klavika e Dolly
e impresso em outubro de 2015 pela Yangraf Gráfica e Editora Ltda.,
sobre papel offset 90g/m².